JN262213

はじめに

　本書は情報公開に対応する文書管理は，いかにあるべきかという観点から書いたものである。勿論古くて新しい従来からの文書管理の問題の解決にも役立つものであるつもりである。

　文書は国，地方自治体，民間企業でその管理にかなりの差異がある。本書は主として地方自治体とそれに準ずる行政機関を念頭に置いて書いたものであるが，基本的なファイリングシステムの骨子は，いずれの場合にも変わるものではない。

　知識や理論と呼ばれるものは，一定の技術の上に成り立つものである。この技術を欠いた知識や理論は，空しく現実性のないものである。巷間行われている文書管理の理論と実際にはこの技術を欠いたものが多々見受けられる。本書は地方自治体の実態を前提とし，具体的な実務に立脚した理論とその文書管理の技術について述べたものである。この意味では類書を見ないものではないかと思う。

目　次

はじめに

第 1 部　ファイリングシステムの基本

第1章　情報管理の概観とその展開……………………3

　1-1　情報管理と文書管理（3）

　1-2　情報管理と自治体職員の責務（8）

　1-3　情報公開法と行政文書の管理（8）

第2章　ファイリングシステムの概要………………10

　2-1　情報公開にむけた文書管理（10）

　2-2　ファイリングシステムとは何か（11）

　2-3　ファイリングシステムの要件（11）

　2-4　組織的管理と私的管理（12）

　2-5　自治体ファイリングシステムの特徴（14）

　2-6　ファイリングシステムの用品・用具（17）

第3章　実務対応型ファイリングシステム……………26

第4章　ファイリングシステムが対象とする文書……27

　4-1　情報公開と文書管理（27）

　4-2　いろいろな文書（28）

　4-3　情報公開の対象外文書（28）

　4-4　公開しないことができる情報（不開示情報）（29）

　　　　　　　　　　　　　　　　　　　　　　　　目　次

　4－5　ファイリングシステムが対象とする文書（30）

　4－6　管理職文書のファイリング（37）

　4－7　組織外の文書（39）

第5章　文書管理上のきまり………………………………40

　5－1　文書のライフサイクル（40）

　　5－1－1　もっとも基本的な文書の流れ（41）

　　5－1－2　文書の流れ・重点6項目（43）

　5－2　単年度主義と年度区分（54）

　5－3　会計年度と暦年（54）

　5－4　継続文書と常用文書（移し換えをしない文書）（55）

　　5－4－1　継続文書（56）

　　5－4－2　常用文書（58）

　5－5　文書の所属年度（59）

　　5－5－1　発生事実主義（60）

　　5－5－2　継続文書と常用文書の所属年度（60）

　　5－5－3　暦年文書の所属年度（62）

　5－6　文書の保存期間（62）

　　5－6－1　文書の保存期間を決める基準（63）

　　5－6－2　長期保存文書，永年保存文書（66）

　　5－6－3　保存期間を決める主体（67）

　　5－6－4　保存期間の種別（68）

　　5－6－5　保存期間の計算（68）

　　5－6－6　保存期間の延長（69）

目　次

第6章　ファイル管理……………………………………… 71

6−1　行政文書の管理（71）
6−2　文書管理規程の整備（71）
6−3　ファイル管理簿（72）
6−3−1　ファイル管理簿の対象とする情報（74）
6−3−2　ファイル管理簿の作成方法とその様式（74）
6−3−3　ファイル管理簿作成の基準日（79）
6−3−4　ファイル管理簿の変更（79）
6−4　ファイル管理の主体とファイル管理の単位（80）
6−5　ファイル責任者とファイル担当者（81）

第7章　文書整理の実際……………………………………… 83

7−1　文書の特定とフォルダー化（83）
7−1−1　文書のフォルダー化（84）
7−1−2　文書フォルダー化の利点（85）
7−1−3　文書の年度区分（86）
7−1−4　フォルダーの作り方（文書のまとめ方）（87）
7−2　文書所在カード（93）
7−2−1　文書所在カードの意義（94）
7−2−2　文書所在カードの作り方（96）
7−2−3　文書所在カードの取り扱い（98）
7−3　文書の序列（99）
7−3−1　第1基準　組織規程・処務規程による（100）
7−3−2　第2基準　文書の内容による全庁統一的基準（100）

目　次

　　　7－3－3　一般的な文書のまとめ方（102）

　　7－4　ガイドによるフォルダーのまとめ方（106）

第8章　ファイル作成の実際……………………………… 110

　　8－1　ファイル名（110）

　　8－2　フォルダーラベルへの記入事項（120）

　　8－3　フォルダーラベルの記入例（122）

　　8－4　ガイドによる分類とフォルダーの色区分（130）

　　8－5　ファイルの扱い方（132）

第9章　ファイル管理の実際……………………………… 138

　　9－1　ファイルの収納（138）

　　9－2　秘密文書の取り扱い（140）

　　9－3　文書の流れ（141）

　　　9－3－1　活用（141）

　　　9－3－2　移し換え（142）

　　　9－3－3　引き継ぎ（置き換え）（144）

　　　9－3－4　保存（146）

　　　9－3－5　廃棄（147）

第10章　ファイル管理簿の磁気ディスクによる調製… 150

　　10－1　紙情報と電磁的情報（150）

　　10－2　ファイリングシステムにおけるファイル管理簿の調製（153）

　　10－3　磁気ディスクファイル管理簿調製の実例（154）

目　次

第 2 部　ファイリングシステムの導入と維持管理

第11章　導入計画……………………………………… 161

11－1　導入日程（161）

11－2　導入計画の基本事項（161）

11－3　導入経費（167）

11－4　文書管理関係規程の改正（170）

第12章　実務対応型導入手法……………………………… 172

第13章　導入実施要綱……………………………………… 177

13－1　庁内周知（177）

13－2　文書実態調査（178）

13－3　文書の取り扱い（178）

　13－3－1　切り換え文書の対象年度（178）

　13－3－2　継続文書・常用文書（179）

　13－3－3　過年度文書の整理（179）

　13－3－4　文書所在カード処理（180）

　13－3－5　幽霊文書（180）

13－4　ファイル管理の単位（183）

13－5　切り換え作業日程（183）

13－6　導入研修（187）

　13－6－1　導入主管課職員の研修（187）

　13－6－2　全職員の研修（187）

13－7　用品・用具必要量（188）

　　　　13－8　問題の発生とその解決（188）
第14章　切り換えの手順 …………………………………… 190
　14－1　切り換え対象文書の整理（190）
　　　14－1－1　年度区分（190）
　　　14－1－2　キャビネット管理以外の文書（190）
　14－2　切り換え作業（191）
　14－3　切り換え作業の進行管理（196）
第15章　ファイリングシステム導入の記録 ………… 198
第16章　維持管理 ………………………………………………… 200
　16－1　定期点検（200）
　16－2　移し換え，引き継ぎ（203）
　16－3　新任・異動者研修（204）
　16－4　事務改善（205）
終　章　ファイリングシステムの常識・非常識 ……… 207
おわりに ……………………………………………………………… 215
〈付録1〉主な行政文書の保存期間一覧（216）
〈付録2〉情報公開法（260）
〈付録3〉情報公開法施行令（280）
〈付録4〉行政文書管理ガイドライン（287）
索　引

第1部

ファイリングシステムの基本

第1章
情報管理の概観とその展開

1－1　情報管理と文書管理

(1)　情報の総合的管理

　正確な情報公開，そして文書管理はいかにあるべきかを念頭に置いて，現在地方自治体をとりまく情報管理の環境を概観してみよう。

　情報の媒体としては，紙（文書），電磁的（情報），伝聞（情報）の三つに大別される。

　このうち何といっても文書が，質量ともに他をぬいている。文書主義(注)のもと膨大な文書が生まれ，活用，整理分類されて一定期間の保存を経て廃棄されていく。IT技術の発展により，情報管理の分野は大きく変貌していくことと思われるが，しかし，文書管理の重要度はそれによって低くなるとは思われない。文書管理は，常に情報管理の主柱であることに変わりはない。ファイリングシステムの重要性もここにある。

　将来的課題として，公文書館の拡充がある。現在，文書は行政文書としての役割を終えた時点で廃棄されている。行政文書における歴史的資料への関心の広がりを期待したい。公文書館の拡充が望まれるところである。

　次に電磁的情報であるが，これは年々質量ともに増加の一歩をたどっている。そして国のIT政策により，今後ますますその重要度を増していくことと思われる。しかし，この電磁的情報の管理は，

そのほとんどが組織的有機的管理とはほど遠い担当職員限りの管理にまかされているのが現状である。なるほど個人情報の秘密性の確保には気を使っているように思われるが、管理職でさえその情報を正確に把握できない私的管理であって問題が多い。私はこの私的管理を、ひとつひとつの情報が他との関連を持たない「自己閉鎖タコ壺型管理」と呼んでいる。

従来の文書管理において「文書の私物化」が批判されてきたが、文書の私物化よりもこのタコ壺型管理は、はるかに問題が大きい。なぜなら文書は「可視的」であり、「物」であるのに対し、電磁的情報は「不可視的」で「物としての実体が無い」からである。担当職員以外にその実体を把握するのが困難である。現にこの種の事故が起きているのは周知の事実である。担当職員に起因する何らかの事故で、その情報が把握できない、または情報が滅失しているといったことを経験している人は少なくないはずである。

次に伝聞情報である。これは現在組織的にはほとんど注目されずに消滅しているが、行政の現場では非常に重要な役割を担っている場合もあることを、心にとめておく必要がある。一例をあげれば、児童虐待における行政機関の縦横の連絡において、伝聞情報の役割は重要である。公式な文書のやりとりに至ったときは、すでに事案対処への時期を失っているということが多々あるからである。

以上三分野の総合的有機的情報の管理は重要である。

紙情報、電磁的情報の総合的管理の必要性とその手法については、多くの提案がなされているがその実現はなまやさしいものではない。両分野の情報管理において、実務上の管理の実態や環境が著しく異なることもその一因であろう。この問題は、緊急な将来的課題であろう。成功例もいまだ寡聞にして聞かない。現在のところ管理シス

テム開発途上の自治体の努力に期待するところである。

　紙情報，電磁的情報の総合的管理システム確立の作業工程については，次の二段階方式を提案する。

　まず，文書のファイリングシステムを確立する。紙情報は，可視的で整理しやすい。また文書の特定，分類等が理解しやすい。それに反し電磁的情報は不可視的で扱いにくい。
紙情報の管理システム（ファイリングシステム）と電磁的情報の管理システムをそれぞれ別個に確立し，その後両システムを統合して総合的情報管理システムを確立する二段階の工程が現実的ではないかと思われる。

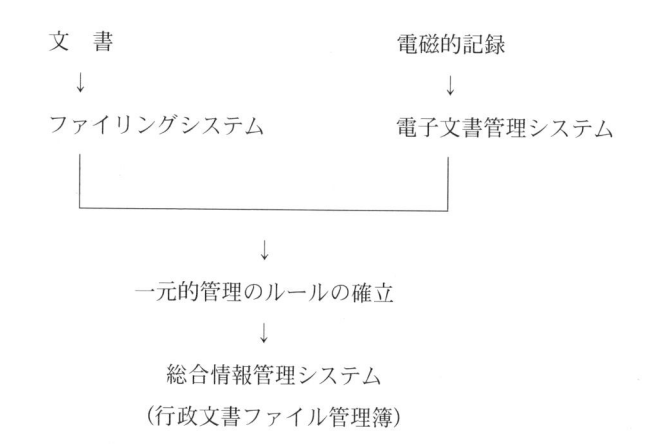

```
　　文　　書　　　　　　　　　　　電磁的記録
　　　↓　　　　　　　　　　　　　　　↓
　ファイリングシステム　　　　電子文書管理システム
　　　└──────────────┬──────────────┘
　　　　　　　　　　　　↓
　　　　　　　一元的管理のルールの確立
　　　　　　　　　　　　↓
　　　　　　　　総合情報管理システム
　　　　　　　（行政文書ファイル管理簿）
```

　ファイリングシステムは，主として文書の管理を目的とするが，文書の情報が他の情報と無縁であるわけはなく，最終的には上述のごとく総合情報管理システムを確立して，情報公開に対応しなければならない。

第1部 ファイリングシステムの基本

図1　情報管理の概観とその展開

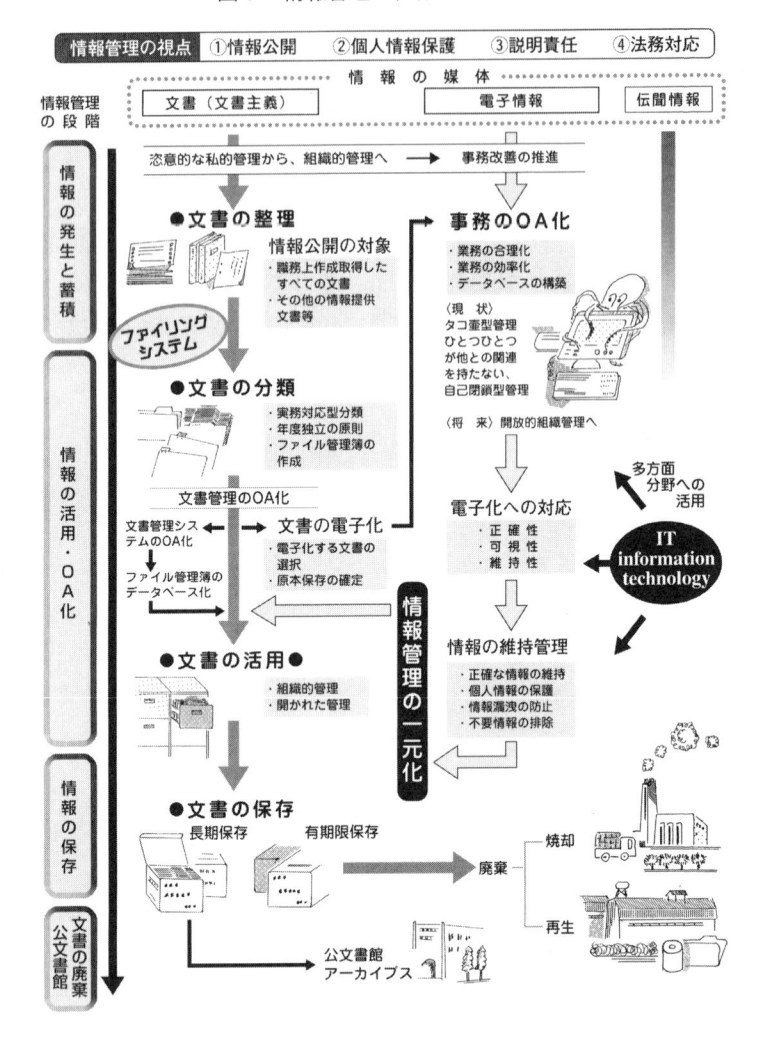

情報管理の視点　①情報公開　②個人情報保護　③説明責任　④法務対応

情報の媒体：文書（文書主義）／電子情報／伝聞情報

情報管理の段階

情報の発生と蓄積

恣意的な私的管理から、組織的管理へ → 事務改善の推進

●**文書の整理**
- 情報公開の対象
  - 職務上作成取得したすべての文書
  - その他の情報提供文書等

ファイリングシステム

●**事務のOA化**
- 業務の合理化
- 業務の効率化
- データベースの構築

〈現状〉タコ壺型管理　ひとつひとつが他との関連を持たない、自己閉鎖型管理

情報の活用・OA化

●**文書の分類**
- 実務対応型分類
- 年度独立の原則
- ファイル管理簿の作成

文書管理のOA化

文書管理システムのOA化 ← **文書の電子化**
- 電子化する文書の選択
- 原本保存の確定

ファイル管理簿のデータベース化

〈将来〉開放的組織管理へ

電子化への対応
- 正確性
- 可視性
- 維持性

多方面分野への活用　**IT information technology**

情報の維持管理
- 正確な情報の維持
- 個人情報の保護
- 情報漏洩の防止
- 不要情報の排除

情報管理の一元化

●**文書の活用**●
- 組織的管理
- 開かれた管理

情報の保存

●**文書の保存**
長期保存　有期限保存 → 廃棄 → 焼却／再生

文書の廃棄・公文書館

公文書館アーカイブス

第1章　情報管理の概観とその展開

　本書は主としてファイリングシステムについて扱うものであるが，IT分野への可能性の範囲内にも言及するものである。

　　＊(注)　1　情報公開法施行令16条1項2号。
　　　　　　2　東京都文書管理規則「事案の決定は，起案文書に当該事案の決定権者が署名し，又は押印する方式により行うものとする。」

(2)　ファイル管理簿の構成

　ファイル管理簿は，行政文書について調製するものであるが，行政文書は，大別して文書等すなわち紙情報と電磁的情報の二つに分けられる。この両者は，物理的にまた実務的にその取り扱いを同じくすることはできない。したがってファイル管理簿の調製にあたってもこの点への配慮が必要である。

　紙情報は，ファイリングシステムにより目録を作る。電磁的情報は，紙情報とは別に電磁的情報処理システムにより目録を作る。その上で両者に共通する統一的ルールを確立して，ファイル管理簿とするのが現実的である。そうすることによって，ファイル管理簿は，紙情報と電磁的情報の目録からなる二構成とするものである。

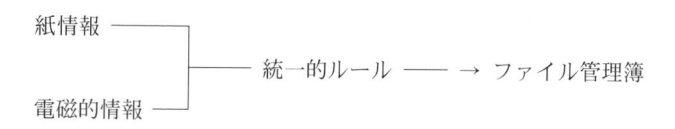

```
紙情報 ─────┐
　　　　　　├──── 統一的ルール ──── → ファイル管理簿
電磁的情報 ──┘
```

　紙情報の目録作成は，従来から行われてきたので，これまでの経験を生かせるであろう。しかし，電磁的情報の管理は，処理システムとの関連もあり満足な状況にないのが自治体の現状であろう。このような状況を考えれば，ファイル管理簿は上述の紙情報と電磁的

情報の目録からなる二構成とするのがごく自然であり，実務的作業も容易であろう。

1－2　情報管理と自治体職員の責務

　情報公開法(注)では，その目的として国民主権の理念にのっとり，行政文書の開示請求の権利を認めるとともに，行政機関の諸活動を国民に説明する責務を定めている。すなわち「情報公開」と「説明責任」(accountability) である。

　それに応えるためには，正確な文書管理はその前提である。本来業務の執行とそれにかかわる文書管理は，いわば車の両輪である。わが国では官公庁，企業のいずれを問わず，業務が主，文書整理は従という風潮があるが，業務の執行にともなってその記録を整理していくことは当然であることを理解しなければならない。業務が主であって，文書管理が従ではない。業務記録の整理は本来業務そのものなのだということを理解する必要がある。

　　＊（注）情報公開法：正しくは「行政機関の保有する情報の公開に関する法律」。通常「情報公開法」と呼んでいる。

1－3　情報公開法と行政文書の管理

　情報公開法が求める行政文書の管理に関する事項の概略は，次のとおりである。
- (1)　行政文書の適正な管理
- (2)　行政文書の管理規程の作成
    - ・一般の閲覧に供する。
- (3)　行政文書の管理に関する事項(注)
    - ①　一　分類基準の設定と年一回の見直し

　　　　・事務及び事業の性質，内容等に応じた系統的な分類
　　　　　の基準を定める。
　　　　・分類の基準について年一回の見直しを行う。
　　二　意思決定に当たっては文書（図画及び電磁的記録を含
　　　む）を作成して行う。
　　三　行政文書の専用場所における適切な保存
　　四　事務及び事業の性質，内容等に応じた保存期間の基準
　　五　作成，取得時の保存期間の設定
　　六　保存期間の延長（保存期間満了前行政文書）
　　七　保存期間の延長（保存期間満了後行政文書）。
　　八　廃棄（国立公文書館への移管を除く）
　　十　行政文書ファイル管理簿の磁気ディスクによる調製
　　十一　行政文書の管理の事務担当者の指名
　　十二　行政文書の管理事項における他法令の優先
　②　行政文書管理規程と行政文書ファイル管理簿の閲覧場所の
　　設置。
　③　行政文書ファイル管理簿の写しの閲覧。
　ファイリングシステムでは，以上のうち，紙情報（文書）に関す
るものを対象とする。
　　＊(注)　(行政文書の管理に関する定め)情報公開法施行令16条。

第2章
ファイリングシステムの概要

2－1　情報公開にむけた文書管理

　情報公開にむけた文書管理が正しく行われていると言うには，最小限度次の5要件を満たしていることが必要である。
　① 「行政文書の管理に関する定め」が設けられていること。
　② 毎年度，正しい行政文書ファイル管理簿（以下「ファイル管理簿」という）(注)が作成されていること。
　③ 文書が客観的に分類されていて，必要な時誰でもすぐ取り出せること。
　④ 文書は正確に保存期間がきめられていて，それにしたがって正しく保存・廃棄が行われていること。
　⑤ 組織的に整理，管理されており，私物化されている文書はないこと。

　ファイリングシステムの導入は上に述べた文書管理5要件を実現することに尽きるのであるが，そのメリットは次のようなものである。
　① 事務能率の向上
　　　事務の正確性，迅速性が確保され事務能率が向上する。
　　　官公庁においては，前例を参考とする事務が多く，過年度文書の利用が重要な役割を占めている。文書探しの時間は馬鹿にならない。

② 執務環境の改善

不要文書の廃棄，過年度文書の整理により，事務室内が清潔になり，利用空間が広がることにより，執務環境が改善される。

③ 文書保存の経費節減

不要文書の廃棄により，文書保存空間の増加と，保存経費の節減が図れる。近年，年々増加する文書の保存場所に窮し，文書保存を民間会社等へ委託する自治体が増えている。

＊(注)　ファイル管理簿：ファイリングシステムでは一般的に「ファイル基準表」あるいは「ファイル管理表」と呼んでいる。

2－2　ファイリングシステムとは何か

ファイリングシステムとは，「文書の発生からその廃棄に至る，文書のライフサイクルにかかわる管理の体系的な計画と制御のシステム」である。

官公庁のファイリングシステムにおいては，情報公開法により「行政文書の管理に関する定めを設け，これを一般に閲覧させる」ことがその前提となっている。

2－3　ファイリングシステムの要件

実際に行われているファイリングシステムの理論とその実態は多種多様である。詳細な違いまで区分すれば，その組織体の数だけファイリングシステムが存在するということになる。言葉をかえていえば実態は種々雑多であって何をもってファイリングシステムというか理解できない状況である。しかし基本的なファイリングシステムの要件は次のとおりである。

① 文書を最小の単位にまとめて，フォルダーにファイルする。

② フォルダーをまとめて,ガイドにより分類する。(ガイドによる分類は,通常大分類・中分類。まれに小分類まで。)
③ ガイドによって整理されたフォルダー群を,ファイリングキャビネットに収納し管理する。キャビネットにかえてファイルボックスを使用する場合もある。
④ 文書の保存にあたっては,フォルダー(文書)をキャビネットから文書保存箱へ入れ替えて,書庫で廃棄に至るまで保存する。
⑤ 文書の発生,保存,廃棄に至る管理の記録を,ファイル管理簿により行う。ファイル管理簿は一般の閲覧に供する。

ファイリングシステムというからには,文書をきめられた方式により整理し(上記項目①②③),文書の私物化を排し組織的にライフサイクルを統制するものでなくてはならない(上記項目④⑤)。上記要件を欠いたファイリングシステムは,正しく機能しているかどうか疑わしい。

2−4 組織的管理と私的管理

ファイリングシステムが文書の私物化を排し,組織的に文書のライフサイクルを統制するものであれば,組織的管理と私的管理との峻別は当然のことである。従来の文書管理はこの点に無関心であり,その結果は,文書の私物化を育んできた。巷間行われている,ファイリングシステム関係の著書も組織的管理には無関心なものが多い。

文書分類の分野では,いわゆる「整理法もの」がよく読まれている。そして自治体の現場でもこれらの整理法が幅をきかせている。例えば著者自身が,これは「個人用ですよ」とことわっているにもかかわらず[注],そこには組織的管理をものともしない,牢固とし

第2章 ファイリングシステムの概要

図2 ヴァーチカルキャビネット

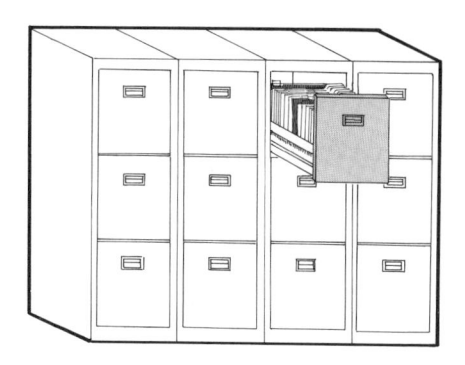

図3 ラテラルキャビネット

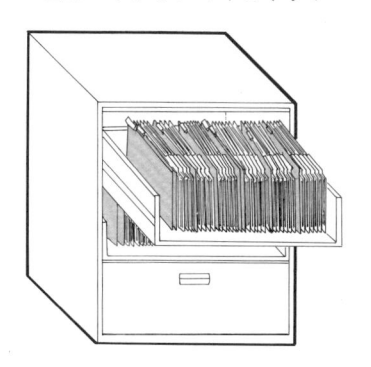

図4 ファイルボックス

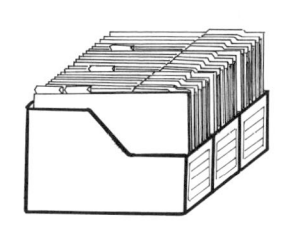

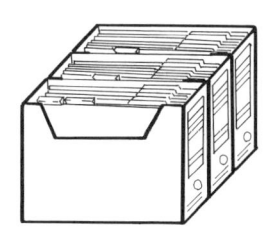

た文書私物化の牙城が存在する。

　組織的管理と私的管理は似て非なるものである。次に両者の比較対照表をあげておく。

組織的管理と私的管理比較対照表

項　目		組織的管理	私的管理
全体管理	文書分類表	◎	△
	きまり・規則	◎	—
	用品・用具の統一	○	△
分類	個人の記憶	×	◎
	客観性	○	△
	年度区分	○	△
	移し換え	○	△
文書の流れ	引継ぎ（置き換え）	○	—
	保存	○	△
	廃棄	○	△

◎最重要
○重要
△どちらでもよい，自由
×いけない

＊(注)　野口悠紀雄・「超」整理法159頁。

2−5　自治体ファイリングシステムの特徴

　自治体におけるファイリングシステムは，情報公開，説明責任を負っているから一般(企業)のそれと異なるものであることに充分留意する必要がある。ファイリングの対象文書を例にとれば，自治体のそれは「職務上作成，取得した文書，図画」であり選択の余地はない。

　これに対し一般のファイリングシステムにおいては，対象となる

文書は必要のあるものに限られる。例えば技術者等が持ちその使用が限られた職員の資料類は，必要な限りにおいてファイリングされる。その判断はファイリングの関係者間で検討すれば足りる。

　次は地方自治体ファイリングシステムの特徴を重点的にまとめたものである。

自治体ファイリング	一般ファイリング
1　目的と手段 ・情報公開，個人情報保護，説明責任，法務対応文書のライフサイクルの管理が目的である。 ・ファイリング自身目的であり手段である。	・事務の効率化知的生産性の向上といった目的への手段である。 ・ファイリング自身が目的となることはない。
2　対象文書 ・行政機関の職員が，職務上作成し，又は取得した文書，図画のすべてである。	・対象文書の選択は柔軟である。必要あるもののみ対象とする。
3　事務参考資料 ・職務上作成・取得・加工した資料類（いわゆる技術的文書類など）は対象となる。	・その選択は柔軟である。必要あるもののみ対象とする。
4　組織的管理 ・組織として体系的な管理が必要である。 ・情報公開，個人情報保護等への対応は，組織的体系的管理なくしては考えられない。	・文書管理が階層的である。 個人の文書→部課の文書→社全体の文書
5　ファイルの取り扱い ・全庁統一した単純なきまりで行われる必要がある。特例的取り扱いは極力避ける。理由はファイル管理は長期にわたるが，その間組織改正や人事異動等が起こるから，きまりの永続性が必要。	・ファイルの管理は階層的。特定の担当者を置く場合もあり，その担当者ごとの創意工夫のファイル管理がされている。
6　文書の年度区分	

第1部　ファイリングシステムの基本

・文書は毎年度ごとに区分して管理する。作成，収受が年度ごとに行われている実態からも当然である。	・かならずしも年度区分が必要ではない。
・法の執行，行政処分に表れる権力機構としての文書管理にあって，その文書の発生時点を明確にしておくことは重要である。	・同一文書を変更して使用する場合がある（年度区分不可能）。

7　文書の所属年度

・文書が「何年度の文書」であるかを特定するのは文書管理上重要事項である。	・文書全体ではなく，重要度に従って各文書ごとに行われる。

8　文書の種類とその取り扱い

・官公庁における業務の内容は膨大な数にのぼり，一般企業のそれとは比較にならない。したがってその業務にかかわる文書も多種多様で膨大な数にのぼる。	・業務の目的からすればそう多くはない。
・文書の取り扱いのパターンも多種多様で複雑である。	

9　文書の分類

・文書は多種多様→取り扱いのパターンも多種多様→分類も多種多様。	・類型的な分類ですむ場合が多い。
・標準化，類型化が困難である。	
・実務に対応した分類が必要である（実務対応型ファイリングシステム）。	

10　文書の変更

・原則的に文書の変更はありえない。A文書→変更→B文書の場合，文書管理上A文書とB文書は個々独立した別の文書である。（一度意思決定したものの内容の変更は，新たな意思決定を要する。）	・通常行われている。 ・変更のルールも柔軟である。

11　文書の保存期間

・保存期間はあらかじめ明確にしておかなければならない。情報公開，説明責任上，保存期間を適宜変更する行為は対外的に	・保存期間の決定は柔軟である。 ・自社限りの利害によって廃棄する。

役所に対する信頼性をそこない，許されない。 12　文書の目録（ファイル管理簿） ・全庁統一のものを作成する。通常情報公開用の目録としても活用する。 ・文書目録の三大要素は①文書名，②文書の所属年度，③保存期間である。 13　用品・用具 ・ファイル管理は長年月にわたるので，用品・用具類は単純で長年月にわたり継続性のあるものに全庁統一する必要がある。またこれにより経費の節減を図る。 14　ライフサイクルの確保 ・作成→活用→保存→廃棄のサイクルを毎年度確実に制御する。これを怠るとシステムが崩壊する。	・外部公表が目的ではないのでそれぞれ多様である。 ・通常全社的目録の要求もない。 ・事務担当者による，個々の文書の形体に応じた用具が使用されている。全社の統一にも関心が薄い。 ・実情において多種多様である。その規制も柔軟である。

2－6　ファイリングシステムの用品・用具

　ファイリングシステムでは，使用する用品・用具を全庁統一する。職員一人一人の個人的，恣意的な用品・用具の選択は避けなければならない。これは全庁統一したきまりによるシステム維持から当然のことである。また経費節約の利点も見逃せない。

　ファイリングシステムによる文書管理は長年月にわたって行われるものであるから，規則から用品・用具に至るまで客観的で単純なものにしておかなければ，長期的継続的な管理は望めない。

　用品・用具については特に注意を要する。文書のファイル用品についていえば，フォルダー，フラットファイル，バインダー等の使用を職員の恣意に任せておくと，文書整理の統一的継続性が保てなくなる。例えば職員異動があったときなど，同一文書のファイルに

対してファイル用品を変えてみたりするからである。同一職員にあっても，このファイル用品変更は珍しくない。以上の結果，文書の特定(注)が乱れ，現実の文書とファイル管理簿の記載内容の間に齟齬を来たし活用する文書が探せなくなる。

　＊(注)　「7－1　文書の特定とフォルダー化」参照。

　経費的に見ても，用品・用具の選択は重要である。バインダーとフォルダーでは価格の差が大きい。「文書に見合った用品を使用しよう。」といった一見もっともな意見も，職員の恣意に任せておいたらよい結果は生まれない。

　次に，文書の整理にあたってシールとか蛍光ペンなどのいわゆる小物類を使用する場合がある。文書の収納用品（フォルダー等）にシールを貼付したり，色分けしたりして文書の区分をするやり方である。このような小物類の活用がファイリングのポイントだという著書も多く見かける。しかしこの方法は避けるべきである。長期的継続的な管理が望めないからである。シールの貼付，色区分のルールが客観的に把握できず，人が変わったら同様な管理が不可能になるからである。すなわち文書管理の継続性の断絶である。

　ファイリングシステムの導入は，職員の文書管理に対する意識改

図5　従来の文書整理用具との決別

革無くしては成功しない。改革には新たな環境が必要である。

　現行用具を基本とする場合,文書を組織のものとし私物化を防ぐという面からはよい結果を生まない。理由は,従来どおりの管理とさして変わりはなく,文書がフォルダーに収納されただけということになるからである。文書が組織化されても,従来どおりの用具であれば,Aさんのものだった用具を他の人が無断で使用するのは,両者にとってかなりの抵抗がある。すなわち私物化の堅い絆を解くのはかなり困難だからである。

　ファイリングシステムで使用する用品・用具類の主なものは,次のとおりである。

(1)　フォルダー

　文書を整理するもっとも基本的な用品である。文書はすべてフォルダーにファイルする。文書はこのフォルダー単位で廃棄に至るまで管理される。文書管理上フォルダーが文書の最小単位である。

　このフォルダーを,ファイルと呼ぶ。すなわちファイルは,一つの文書であり,フォルダーはこの文書の物理的な形体である。

図6　フォルダー

第1部　ファイリングシステムの基本

(2)　ガイド

ガイドは，第1ガイドと第2ガイドの二種類である。第1ガイドが大分類に，第2ガイドが中分類に使われる。

(3)　ガイドラベルとフォルダーラベル

ガイドラベルには分類名を記入し，それをガイドのミミに挿入して使用する。フォルダーラベルには，ファイル名・所属年度・保存期間を記入し，ラベルをフォルダーに貼付する。

両ラベルとも，白・赤・青・黄・緑の5色(注)の区分のあるものを使用する。

　＊(注)　「第8章フォルダー作成の実際」参照。

図7　ガイド

図8－1　フォルダーラベル　　図8－2　フォルダーラベルの貼付

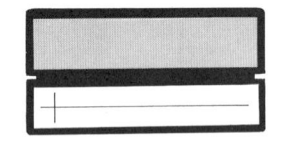

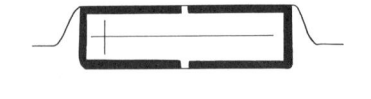

図9　ガイドラベル

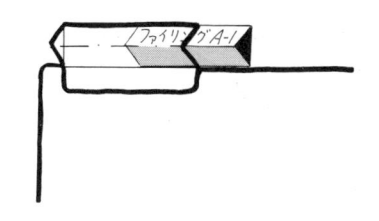

図10　ガイドとフォルダー

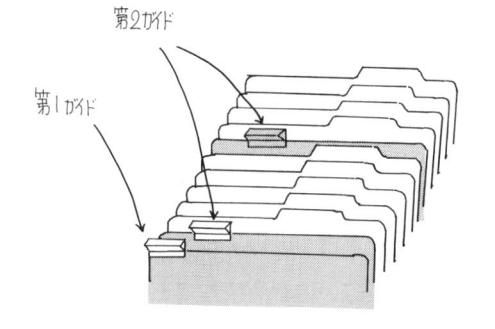

(4) 保存箱

　保存ファイルは，保存期間一年を経過後キャビネットから取り出し，保存箱に収納し書庫で保存期間の間管理する。

　保存箱は，フォルダーの収納に適したものを使用する。積み重ねることも多いので，状況によりある程度堅牢な材質のものを選ぶとよい。市販のものもあるが，記入事項および書庫の状況，引き継ぎの方法等に見合った独自のものをデザインして発注するとよい(注)。

　　＊(注)　「5－1－2　文書の流れ・重点六項目〔保存箱の表示事項〕」参照。

第1部　ファイリングシステムの基本

図11　保存箱

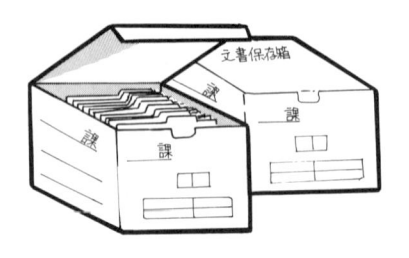

(5) ファイリングキャビネット，ファイルボックス

ガイドによって分類されたフォルダー群は，ファイリングキャビネット，あるいはファイルボックスに収納して使用する。

キャビネットの選定にあたっては，オフィスレイアウトをはじめ，いろいろな条件の下で決めなければならないのが実情であるが，文書整理の用具であることを忘れてはならない。

ヴァーチカルキャビネットとラテラルキャビネットについては，文書の収納効率や，設置の占有面積等でその優劣が比較されている。あたかもその一方が優れているかのような話も聞く。しかし採用する側の条件は一律ではない。一方が優れているということなど，一概に決められない。要は，文書整理用具のキャビネットとして，目的に則したものであるかどうかが大切なのである。

ラテラルキャビネットでは，Ｂ４判型を選べば，Ａ４型文書との共有が可能であるが，その反面，用品・用具類も両方用意しなければならず，文書整理の統一性に難がある。また，Ａ判化促進の妨げともなる。Ｂ判型を安易に選んではいけない。

キャビネットに代えて，ファイルボックス使用の方法もある。その長所，短所を次にあげる。採用にあたっては，充分な検討を要す

る。
〈長所〉
① キャビネットに比べ安価である。
② 机の上,棚,カウンターの下等どこへでも分散しておける。したがって,文書を手元に置いて使用できる。
③ 持ち運びが自由である。ファイルボックスごと会議室へ持って行ける。
④ どこへでも置けるので,従来の保管庫で間に合う。新たにキャビネット購入の必要はない。
⑤ 場合によっては,保存箱としても利用できる。文書の少ない出先機関には最適である。

〈短所〉
① ファイルの一覧性がない。ファイルがボックスに収まっている状態で,どのボックスに入っているのか分からない。ボックスを取り出してファイルを探すにも,ボックスのファイル収納量が少ないから,いくつものボックスを取り出すことになる。キャビネットの引き出しと比べ一覧性は比べものにならない。

  ボックスのファイル収納量＝分厚いファイルだと10冊に満たない,ファイル10冊程度が平均,多くとも20冊程度。

  引き出しのファイル収納量＝ファイル50冊程度,多くとも70冊程度。

② 第2ガイドごとにボックスをきめていくのが普通である。そうすると各ボックスに空きが出来て無駄が多い。各ボックスに空きが出来るということは,ボックスの数が増え,それに比例して事務室空間の無駄遣いとなる。ファイリングシステムを導入して,以前より事務室空間が狭くなったのでは話にならない。

第1部 ファイリングシステムの基本

一方無駄な空間をなくすため，第2ガイドをボックスを特定せずに使用する場合，文書は増加していく（年度初めゼロ）ので，増加に対してボックスの対応がむずかしい。第2ガイドを文書量の増加にあわせてしばしば次のボックスへ移動せざるを得なくなる。

③ 組織的管理の面からは，利点がそのまま欠点となる。

「どこへでも置ける」「手元に置ける」がそのまま直接文書の組織的管理をさまたげる。文書の私物化の状態から抜け出せない結果を生む。

そしてなによりも，ファイリングシステム導入に求められる職員の意識改革に，変化を与えないのが最大の欠点といえるかもしれない。

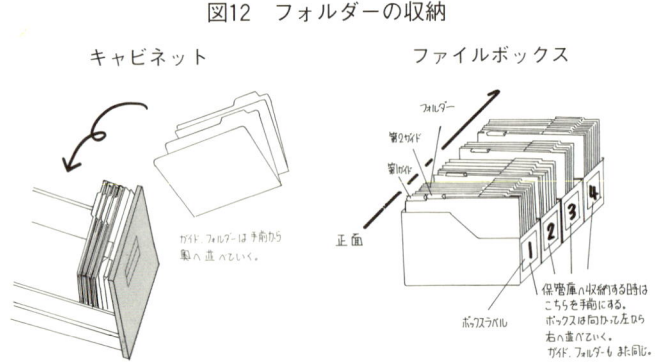

図12 フォルダーの収納

キャビネット　　　　　　　　ファイルボックス

(6) 文書一時留置フォルダー

ファイリングシステムでは，文書は私的管理はやめ組織的管理とする。すべての文書は，個人が適当に管理することは厳禁である。

たとえそれが処理中の文書であっても組織的管理の要求は変わらない。退庁前に届いた文書，書きかけの文書等いずれにあっても同様である。

　文書一時留置フォルダーは，翌日再び使用する文書を収納しておく個人別フォルダーである。所定のキャビネットに全員が収めることとし，翌日出勤してこの一時留置フォルダーを取り出し，昨日に続く事務を始めることにするものである。

　このように一時留置フォルダーの使用は，昨日に続く事務がスムーズに行え，また担当者が不在でも事務の進行状況を把握でき，同時に文書の私物化を防ぐことが目的である。

　本来キャビネットに収めるものを，短期間個人管理にするものであるから，ある文書を長期間一時留置フォルダーに入れっぱなしは，文書の私物化につながり厳禁である。

図13　文書一時留置フォルダー

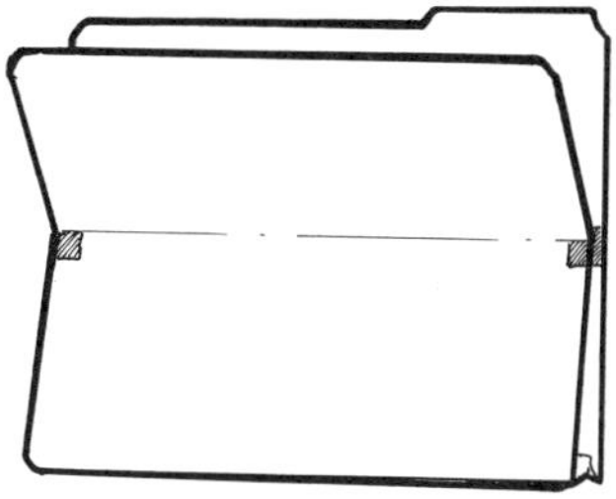

第3章
実務対応型ファイリングシステム

「文書は，実際の事務の中で発生する。したがって文書は事務に対応した形で整理することが最適である。事務とその記録は一体のものであり，その管理も当然両者が対応したものでなければならない。」これが実務対応型ファイリングシステムの理念である。

ファイリングシステムの理論や文書分類の理論が優先するのではなく，あくまで実務に対応した形でのファイリングシステムがすべての基本である。ただし，このためには事務が正しく行われていなければならない。ファイリングシステムの導入にあたり，従来事務の見直しが行われ事務改善が必要となることもある。

この実務対応型ファイリングシステムの理念は，文書のライフサイクル全体をとおして行われるべきものである。本書は，この理念に基づいたファイリングシステムを記述するものである。

第4章
ファイリングシステムが対象とする文書

4－1　情報公開と文書管理

　情報公開に対応するためには，正確な文書管理が行われていなければならない。広く情報を公開するにあたって，その情報の範囲と内容が客観的に把握されていなければ公開の目的が達せられない。このことは，情報公開における開示請求者と行政機関の両者にとって，共通の関心事である。

　情報公開法において，公開の対象となる行政文書とは，「行政機関の職員が職務上作成し，又は取得した文書，図画…」[注1]とされている。すなわち行政機関の職員が職務上，作成取得した文書，図画のすべてをきちんと整理しなければならないのである。

　作成した文書とは，正式な決裁文書にとどまらず「意思決定を伴わない，また文書中に押印欄のない文書」も作成した文書である。東京都ではこれらの文書を「資料文書」と呼んでいる[注2]。

　取得した文書とは，正式に収受した文書の範囲にとどまらない。東京都においては，「到着した文書を収受文書という概念だけでとらえず，もっと広くとらえる」受領，収受，取得の概念をとっている[注3]。

　　＊[注1]　情報公開法2条2項。
　　＊[注2]　東京都文書事務の手引120頁。
　　＊[注3]　東京都文書事務の手引185頁。

4－2　いろいろな文書

　一口に文書と言っても官公庁には，多種多様な文書が存在する。記載されている内容，表示手段等から分類すると，「公文書と私文書」「公法上の文書と私法上の文書」「公用文書と私用文書」「原本，謄本，抄本，正本」などがある。一方文書の性質，処理過程により分類すると，「法規文書」「令達文書」「公示文書」「往復文書」等（以上文書の性質），「収受文書」「起案文書」「供覧文書」「施行文書」「保存文書」等（以上処理過程）である。そして不要文書の担い手であるこれら文書の「コピー」がある。

　ところで「情報公開制度上の行政文書」であるが，上記のどの文書にあたろうが「行政機関の職員が職務上作成し，又は取得した文書，図画…」とあり明解である。

4－3　情報公開の対象外文書

　法は情報公開の対象文書を明記する一方，除外文書についても定めている。対象外文書としては，

① 官報，白書等不特定多数の者に販売することを目的として発行されるもの
② 歴史的，文化的な資料類で特別な管理がされているもの
③ 各々の法律(注)で規定するもの（戸籍法の受理不受理証明書・届書，不動産登記法の登記簿その附属書類等）。
④ その他自治体の条例で定められたもの。

等である。

　なお，法規に定めはないが，情報公開の実施機関が適宜選択又は編集した情報で，自ら公表しているもの，周知の事実であるもの等は実質的に情報公開の対象から除かれるべきものであろう。この種

の文書は，実務上は開示請求者に対して「任意的情報提供」といった取り扱いがなされている。

*(注) 行政機関の保有する情報の公開に関する法律の施行に伴う関係法律の整備等に関する法律。

4−4　公開しないことができる情報（不開示情報）

　行政文書は開示されることが原則である。しかし開示することによって，公益の保護あるいは私人の権利利益の保護をそこなう場合がある。そうした場合公開しないことができる情報を定めている。国においては法第5条において，自治体においてはそれぞれの条例によって定めている。これら不開示情報は，その類型が限定列挙されているものであり，あらかじめ不開示情報が特定されているものではないことに注意を要する。

　まず，情報公開の非開示文書となるのは，開示請求の目的と条例等に定められた非公開の趣旨によって，それぞれの事案ごとに審査され決定されるものである。あらかじめ非公開文書なるものが，具体的に決められているわけではない。条例によって定められている非公開文書なるものが，即具体的に，ある文書を特定するものではないということである。

　非公開文書の典型のごとくいわれている個人情報を例にとれば，開示請求に開示か否かで争われている場合，その請求の目的，一方立法の趣旨等が審査され，最終的には司法の判断を待つことになるのである。

　最初から非公開文書なるものは存在しない。これらの文書もファイリングシステムの対象となる文書である。

4－5　ファイリングシステムが対象とする文書

(1) 職務上管理を要するすべての文書とする

　どの文書をファイリングシステムの対象とするかは，単純な問題ではない。情報公開法は「行政文書」と明記しているので行政文書のみを対象とすれば事足りるのか。

　現状はどうか。行政の現場である役所内には，厳密な定義による「狭義の公文書」から，単純なメモに至るまで，あるいは住民からの私信といったものまで，行政にかかわるありとあらゆる文書が存在する。これらの文書は，定められた業務にしたがって発生し，業務にしたがって整理が行われているのである。公文書，私文書といった整理でもなければ，また，これは行政文書である，これは非公開文書であるといった規準で整理しているわけでもない。あくまで業務によって発生した文書を，業務によって整理するのみである。

　行政文書あり非開示文書あり，正本あり，コピーあり，決裁文書あり，新聞切り抜きありといった文書の類型からいえば，種々雑多な文書の集合体である。このような状況の中で，これは行政文書，これは対象外文書等といった区分をしながら文書を整理することは不可能に近い。言葉をかえていえば，そのような区分整理を要求すれば，業務に重大な支障を来すこととなる。

　以上のような現実をふまえてみれば，ファイリングシステムで対象とすべき文書は，必然的に「職務上管理を要するすべての文書」と言うことになる。情報公開への対応において，情報公開の対象となる行政文書とその他の文書を別々に管理しなければならない理由はない。これが実務対応型ファイリングシステムの所以である。

第4章 ファイリングシステムが対象とする文書

図14 ファイリングシステム対象文書の範囲

```
┌─ ファイリングシステム対象文書 ──────────────────┐
│                                                │
│ ┌─ 行政文書 ─ 職務上作成・取得した文書 ──┐      │
│ │ ・一般文書  ・帳票,伝票              │      │
│ │ ・台帳    ・図面,地図               │      │
│ │ ・事務参考資料,カタログ,パンフ         │      │
│ │ ・その他もろもろ ・貯金通帳           │      │
│ │                                    │ ┌─ 情報公開対象外文書 ─┐ │
│ │  (未完結文書)も (経由文書)も         │ │ ・白書,書籍          │ │
│ └────────────────────────┘ │ ・歴史的,文化的資料    │ │
│                                      │ ・他の法律で規定するもの │ │
│ ┌─ 物品類 ─ 文書と一括管理しておきたいもの ┐ └──────────────┘ │
│ │ ・CD,VTR  ・その他               │                          │
│ │ ・商品サンプル                     │ ┌─ 不開示情報 ─────┐     │
│ └──────────────────────┘ │ ・個人情報        │     │
│                                    │ ・その他         │     │
│                                    └────────────┘     │
└──────────────────────────────────────────┘

┌─ ファイリングシステム対象外文書 ────────────────┐
│                                                │
│ ┌─ 私的な文書 ──────┐  ┌─ 外郭団体の文書 ──┐ │
│ │ ・親睦会帳簿       │  │ ・公団,公社       │ │
│ │ ・その他もろもろ    │  │ ・地域開発組合     │ │
│ └─────────────┘  │ ・社会福祉協議会    │ │
│                        │ ・地区連絡協議会    │ │
│ ┌─ 用紙・様式類 ─ 使用前のもの ┐ │ ・その他         │ │
│ │ ・起案用紙         │       └──────────┘ │
│ │ ・各種申請書       │                      │
│ │ ・その他          │                      │
│ └─────────────┘                      │
└──────────────────────────────────────────┘
```

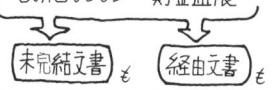

(2) 完結文書も未完結文書も

　文書は発生してからさまざまな様態をとりながら廃棄に至る。メモから始まって起案となり，決裁を経て完結するもの。完結文書であってもそれによって長期間事務が行われるもの。事業が止まって一時留め置きとなっているもの。その様態は多種多様である。

　ところで，文書は発生してからどの時点でファイルすべきか。原則として，発生したらただちにファイルすべきである。早すぎていけないということはない。

　文書の私物化を防ぐという意味でも，できるだけ早くシステム管理すべきである。決裁あるいは完結まで長時間かかる文書は珍しくない。起案中の文書を，ファイルしシステム管理することが，情報公開上の支障となるとも考えられない。決裁あるいは完結してからシステム管理するというのでは遅すぎる。その間私蔵されていることになるからである。

　例えば，ある事業の許可申請を例にとると，許可までに長期間を要するものがある。場合によっては年度をまたぐものも決して珍しくない。その間，関係文書を事務担当者の私的管理に任せておくことはできない。

　また，行政手続法によれば，まさに許可申請から許可に至る「行政手続き」の公正の確保とその透明性が求められているのである。従来の担当者任せの文書の私物化の是正も，時代の要求するところである。ファイリングシステムの意義は，情報公開にとどまらず行政事務の公正，透明性の実現においても存在することを理解すべきである。

(3) 提出文書も経由文書も

　文書には，提出してしまえば後に何も残らず，それでおしまいというような文書がある。また，進達文書のような経由文書，あるいは一時留め置き文書のようなものもある。

　これら最終的には手元に残らない，ファイリングシステムの管理外と思われる文書も，手元にあるうちは基本的にはファイリングシステムの対象とし，ファイル管理簿に登載しその事務処理の経過を記録すべきものである。職務上取り扱う文書はすべて私的管理に任せられないことからも当然のことである。

(4) 文書収納器具別管理

　ファイリングシステムでは，文書はフォルダーへ収め，そのフォルダーをファイリングキャビネット（またはファイルボックス）に収納して使用するのが一般的である。役所内には，多種多様の文書が存在することはすでに述べたが，それらの文書の形状もまた多種多様である。それらの文書を形状から大別すると次のようになる。

① 　一般文書
② 　帳票，伝票
③ 　台帳（バインダー）
④ 　図面，地図
⑤ 　資料類（パンフレット，リーフレット，カタログ類）

　これらすべての文書が，キャビネットに収納できるわけではない。特に帳票，台帳，図面，地図類は，キャビネット収納が困難なものが多い。これらはそれぞれの器具に収納されている。ファイリングシステムの対象をキャビネット収納文書のみに限っている例をよく見かける。それ以外の文書の管理はというと，何かあやふやでおざ

なりになっているのである。キャビネット収納文書のみがファイリングシステムの対象文書で，その他の文書は対象外とするわけにはいかないのはいうまでもない。言葉をかえていえば，役所内にあるこれら帳票，図面類は重要かつ多量にあるから，これらをファイリングシステムの対象外としたのでは，文書管理をしているとは到底いえない。また，場合によっては情報隠しということにもなりかねない。情報公開という面からいってもこれは問題外である。

あるいはキャビネットに収納できない文書は別管理ということも考えられるが，収納器具別に行うとすれば，二元的三元的な管理にならざるをえない。これでは到底正しく正確な文書管理は望めない。

文書はファイリングシステムにより一元的に管理しなければならない。すべての文書は同一のファイル管理簿に登載され管理されなければならない。
(具体的な方法は，「第7章 文書整理の実際，文書所在カード」の項で詳述する。)

(5) 図面，地図

地図，図面類については，折ってフォルダーに収納できるものは収納する。収納できないものは，地図，図面のみで統一した整理をして，文書所在カードを利用して一般文書と同様の取り扱いとする。

(6) 資料という名の文書

「資料」という名の文書がある。これは資料であって文書ではない，ということでファイリングシステムの対象から除かれている例をよく目にする。決裁文書の附属資料であったり，計画立案の参考資料であったりする。情報公開法にあっては，これら資料も当然文

書である。情報隠しの意思の有無にかかわらず、これらを情報公開の対象から除くことは出来ない。ある調査によれば、本文と附属資料の比率は、20対80であるという。この調査をもとにいえば、全体の80％が情報隠しになってしまう。

また、このようなケースは、「何の基準をもって資料とするのか」といった不毛の議論を生ずる。文書に対する正しい理解が求められている。

資料もまた文書である(注)。

＊(注)　「4－1　情報公開と文書管理」参照。

(7)　担当職員の事務参考資料

担当職員の事務参考資料については問題が多い。職員の個人的資料ということでファイリングシステムの対象から除かれ個人の所有物となっている。各職員個人ごとに配布された「事務手引き」や「マニュアル」類は除くとしても、職務上作成、取得した文書は、当然その組織のものでありファイリングシステムの対象となることは自明のことである。その文書が、まったく特定の個人の作成になるか、またはその個人のみが使用する文書であるかによって決まるのではない。

ある大規模施設建設準備室の例なのであるが、そこの技術職員たちが「この資料は、自分が施設設計の参考として作成、収集したものだから、自分が使いやすいように管理するのは当然のことだ。」というのである。この主張どおりにファイリングシステムを進めた結果はどうか。技術職員の持っている文書のほとんどは、職員の恣意的分類のもとファイリングシステムの対象外文書となり、文書は机の上に所狭しと積み上げられ、担当係長も係内文書の把握ができ

る状態ではないこととなった。こうしたルール違反は保存文書にも及び誰もその文書を探し出すことなど不可能なのである。この状態は組織管理と呼べるものではない。情報公開にも組織的対応にも不可能である。いわんや説明責任に応えるすべもない。

担当職員の事務参考資料については、上の例のような技術職員の場合だけではない。ごく一般的に広く行われている。担当職員が自分の参考資料によって仕事を行い、本来の文書には何の記録も残さないと言うようなことはけっして珍しいことでも何でもない。長年月にわたって培われた文書の私物化は牢固として変わっていない。

文書管理においては、その文書の担当者の利用を妨げないよう配慮しなければならない（実務対応型ファイリングシステム）。しかし、担当職員の利便がすべてに優先するわけではない。その文書の分類、使用形態等は実務を前提に担当職員を主体にするとしても、文書のライフサイクルを制御するルールからの逸脱は許されない。まして行政文書の私物化などあってはならない。文書管理は公のものという使命を忘れてはならない。

(8) 文書以外の物品類

ファイリングシステムの対象は、基本的には文書であるが、場合によりそれ以外のものを対象とすることも可能である。

実務上、文書とそれに付随する物品類を一緒に管理している例は珍しくない。会議記録とフロッピーディスク、契約課における物品カタログとその現物、文書に準ずるものとして運動会の記録と写真のフィルムやヴィデオテープテープ、などである。ファイリングシステムの対象は紙情報たる文書であるが、一律に文書以外は除外するのではなく、それぞれの状況に適した運用が大切である。例えば

ヴィデオテープについては，広報課で所有する多量なヴィデオテープの整理と，学校，保育所等での年数回撮影する程度のヴィデオテープの整理ではその方法は自ずから異なるものであろうし，異なってよいのである。

　もう一つの例を挙げると，ある特別養護老人ホームで入所者ごとにファイルを作成し，そのファイルにその人の記録と共に貯金通帳，印鑑等を入れている例がある。介護職員は一日三交代制なので，客観的に明確な記録の伝達がぜひとも必要である。職務の交代にあたり，ファイルを収納しているファイリングキャビネットの鍵を交代職員に渡し事務の伝達を行っている。

　役所の事務は多岐にわたっている。実務上の必要があれば，ある程度柔軟に対応した方がよい場合も多い。ファイリングシステムでは，文書以外の物品類を文書と共に扱うことも可能である。

(9)　電磁的記録

　電磁的記録については，紙情報としての文書とは自ずから異なった管理がなされるべきものである。前項で述べた，フロッピーディスク，ヴィデオテープ等の文書に準じた取り扱いの事案は，その限りの例であり，電磁的記録の管理に言及するものではないので念のため断っておく。

　電磁的情報と文書情報は，将来的には，ファイル管理簿の上で一括統一的に管理されるべきものであろう。

4－6　管理職文書のファイリング

　ファイリングシステムの対象とする文書は，組織が持つすべての文書にわたるから，管理職が持つ文書も例外ではない。といって事

が済むのであれば話は簡単なのだが……。

管理職文書のファイリグについては，解決困難な問題が多い。その主なものをあげると，

① 多くの管理職がファイリングに消極的である。
② 秘密事項にあたる文書が多い。
③ ファイリングするとしても，職務上の管理監督者がいないので実効性に乏しい。
　・現実の問題として，課長を部長が，部長を助役が指導することなどあり得ない。逆に，部長のファイリングに課長が協力することも。
④ 議会対策，対外折衝等，属人的管理（分類，携行，外部持ち出し等）が必要なこともあり，一般のファイリングと同列に扱えない事も多い。
⑤ 管理職の持つ文書のほとんどが，原本のコピーである。

管理職文書のファイリングを強行すると，管理職が消極的であるがゆえに，システムそのものが内部崩壊してしまう恐れがある。上司が消極的な事業に部下が積極的であるわけがないからである。

そこで現実的な対応としては，

① 管理職文書は，管理職の自己管理とする。ただし，原本は正規にファイリングする。
② ファイリングに積極的な管理職の文書は，ファイリングする。ただし，その範囲は当該管理職の自主性にまかせる。

ということになるであろう。実例としてもこれが一般的であるように思われる。

4－7　組織外の文書

　業務の上で，本来役所の文書ではない他組織の文書を管理している場合がある。外郭団体の文書，住民組織の文書，学校においてはＰＴＡの文書などがこれにあたる。これらの文書も，役所のファイリングシステムと同様に管理されることが望ましい。組織外文書ということで，消極的になりがちであるが，現実に実務上持っているのならファイリングしたほうがよい。そうしないと文書管理が二本立てとなり，また文書の私物化にもつながり本来の役所のファイリングシステムにも悪影響を及ぼすからである。

　ただし，組織外文書はあくまで組織外文書であって，その管理は両者峻別して行うのは当然である。組織外文書はファイリングしても，ファイル管理簿に登載すべきでないことはいうまでもない。組織外文書は別途ファイル管理簿を調製することとする。

第5章
文書管理上のきまり

5−1 文書のライフサイクル

　ファイリングシステムとは，文書の発生から廃棄に至る，文書のライフサイクルにかかわる管理の体系的な計画と制御のシステムである。

　この文書のライフサイクルは，ファイリングシステムにおいては

図15　主要な言葉の意味

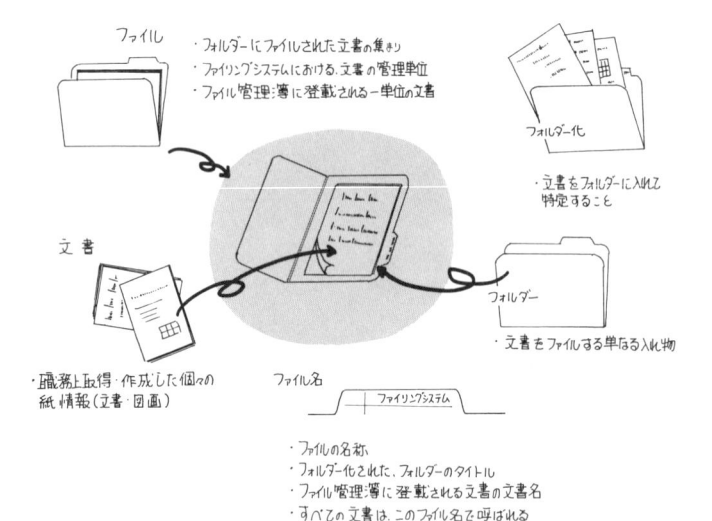

ファイル
・フォルダーにファイルされた文書の集まり
・ファイリングシステムにおける、文書の管理単位
・ファイル管理簿に登載される一単位の文書

フォルダー化
・文書をフォルダーに入れて特定すること

文書
・職務上取得・作成した個々の紙情報（文書・図画）

フォルダー
・文書をファイルする単なる入れ物

ファイル名　｜ファイリングシステム
・ファイルの名称
・フォルダー化された、フォルダーのタイトル
・ファイル管理簿に登載される文書の文書名
・すべての文書は、このファイル名で呼ばれる

第5章　文書管理上のきまり

次のような「文書（ファイル）の流れ」をつくる。この文書の流れを，いかに円滑に確保するかが大切である。そしてこの管理は，一年を単位とする「所属年度」による「単年度主義」によって行う。

5－1－1　もっとも基本的な文書の流れ

発生した文書は，フォルダーにファイルされ，キャビネット上段に収納される。次年度にはキャビネット下段に移し換えられ，さらにその翌年度（次次年度）には，保存箱に収納され主務課から文書主管課(注)に引き継がれる。文書主管課は，引き継いだ主務課の文

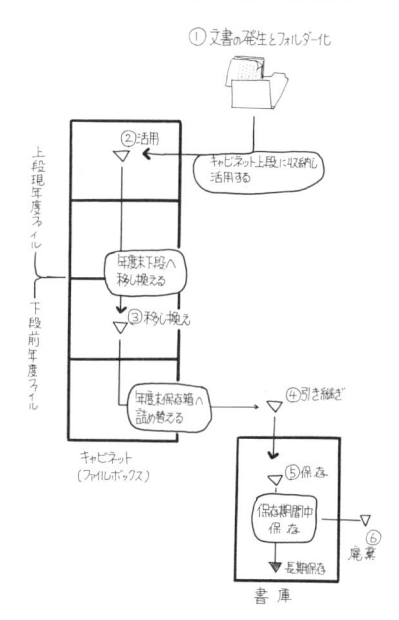

図16－1　文書の流れ概念図

第1部　ファイリングシステムの基本

書を書庫で全庁統一的に保存する。引き継がれた各々の文書は，保存期間の満了をもって規則的に廃棄されていく。もっとも基本的な文書の流れの概念は以上のとおりであるが，実務上はこのほかにもいろいろな文書の流れが存在する。

 ＊(注)　文書主管課＝ここでは全庁的な文書管理課をさす。文書課，総務課文書係等。

発生した文書は，大別して次の5つの過程をたどる。図16－2によって文書の流れを説明する。

① まず上段にあって，次年度に下段に移し換えられ，さらに一年後引き継ぎされて書庫に保存され，保存期間が満ちた後廃棄される文書（通常の文書）。

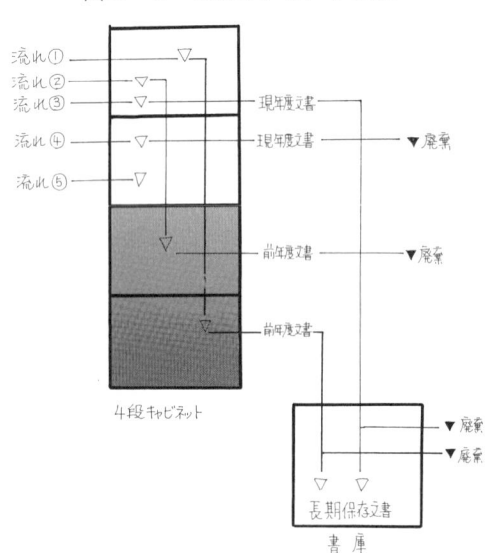

図16－2　文書のいろいろな流れ

この文書の流れが、ファイリングシステムではもっとも基本的なものである。
② 移し換えられて、一年間下段に保存され、引き継ぎされずに廃棄される文書（一年保存文書）。
③ 移し換えをせず、ただちに引き継ぎを経て書庫で保存され、保存期間が満ちた後廃棄される文書（使用頻度の少ない大量の文書）。
④ 年度末に移し換えをしないで、廃棄される軽易な文書（保存一年未満の文書）。
⑤ 移し換えをしないで、常時現年度扱いをする文書（継続文書、常用文書）。

この他にも事務の様態によってさまざまな文書の流れは存在するが、すべては基本的な文書の流れに還元するものである。この文書の流れは、担当職員はいうにおよばず各課の都合のみで決められるものではない。引き継ぎには、文書主管課との調整を要することもその一例である。

5－1－2 文書の流れ・重点6項目

(1) 文書の発生とフォルダー化

発生した文書は、すべてフォルダーにファイルすることにより「文書を特定」(注)する。フォルダーはキャビネット上段の所定の場所に収納する。現年度文書がこれである。

　＊(注)　「7－1　文書特定とフォルダー化」参照。

(2) 事務室における現年度文書と前年度文書の活用

文書の活用にあたっては、現年度文書と前年度文書は事務室に置

き，その他の過年度文書は書庫へ片付けるものとする。

　この意義は主として次の二つにまとめられる。第一は，文書は時間の経過と共に使用頻度が落ちていく。使われなくなった文書は，なにも事務室に置いておくことはない。書庫に片付けて事務室の空間を確保し，その空間の有効活用を図ろうとするものである。役所では，毎年度反復される事務も多く，前例を参考にする必要が多くあり，前年度文書までは事務室に置く。その前年度文書も現年度文書と明確に区分しなければならない。それ以外の過年度文書は，書庫で保存期間が満了するまで保存しようとするものである。

　第二は，年度をきちんと区分して廃棄に至る文書の流れを確保することにある。従来のように担当職員在任期間中一括管理と相まって，過年度文書が事務室内に山と積まれていたのでは，組織的に正確な文書の管理はできない。

(3) 移し換え

　キャビネット上段に収納されている現年度文書を，年度末に下段へ移し換え，上段を空けて次年度文書の収納に備えるものである。この「移し換え」は廃棄に至る文書の流れを作る重要な作業である。また，利用頻度の落ちた文書を書庫へ移動させる準備的な作業でもある。

　このように節目節目でファイルの整理点検を行い，ミスファイルの発見や，不要文書を廃棄していくことが大切である。

　継続文書，常用文書にあっては，この移し換えは行わない。

(4) 引き継ぎ，置き換え

　キャビネット下段に収納されている前年度文書を，年度末にキャ

ビネットから取り出し保存箱へ保存期間別に収納し，主務課から文書主管課へ引き継ぐことである。

　この段階で，文書は主務課の管理から文書主管課における全庁的管理に移行させようとするものである。このように主務課で管理されていた文書（発生年度の次次年度の文書）を文書主管課の管理に移行させることを「引き継ぎ」又は「置き換え」という。

　引き継ぎの意義は，正確で長期的な保存文書の管理を担保することにある。具体的には，主として次の三つの事態を排除する事にある。

　第一に，主務課管理では，従来通りの文書の私物化，ご都合主義がまかりとおって管理が正しく行われない。また長期にわたる保存に耐えられない。保存を主務課にまかせるというのは，その前段階の「文書の特定」「文書の活用」「移し換え」も主務課にまかせるということになるので事は重大である。

　実際例でも，自課書庫を持ち自課管理の形態をとっている主務課は，その多くの場合ファイリングシステムが乱れている。

　第二に，主務課管理とした場合，保存文書置き場としての書庫を各課に割り振らなければならない。その結果は，管理責任のあいまい乱雑な書庫での保存と，主務課事務室内での保存となる。ファイリングシステムを導入しても，従来の状況と変わらない例は珍しくない。

　また，保存文書置き場が有り余っている課と，にっちもさっちもいかない課とができ，事務室，書庫とも有効活用の面から問題が多い。

　第三に，役所では組織改正がしばしば行われる。その組織改正も単純でない場合が多い。

組織改正にあたり，当該文書の主務課が消滅したり，引き継ぎ保存すべき課が曖昧になってしまう場合が起こる。その結果は，当該文書が必要となった時行方不明で出てこない。かくて旧担当職員が呼び出され，記憶試験が行われることとなる。

引き継ぎの対象となる文書は，保存期間2年以上の文書である。継続文書，常用文書は引き継がない。引き継ぎにあたり，移し換えと同様この際もミスファイル，不要文書の点検を行う。

具体的な作業手順は次のとおりである。

① 主務課において，フォルダーを保存期間別に区分して保存箱に収納する。すなわち年度別，保存期間別区分となる。
② 保存箱に所定の番号を付け，どのフォルダーがどの保存箱に入れられたかをファイル管理簿に記入する。
③ 所定の日時，場所（文書主管課指定）において，主務課は保存箱を文書主管課に「保存ファイル引き継ぎ表」により引き継ぐ。

年度　保存ファイル引き継ぎ表		
○○課　　　　　　　　　　引き継ぎ年月日　　年　　月　　日 ファイル責任者		
保　存　箱 引き継ぎ番号	収納ファイル 冊数	文書保存箱 番　号
↑主務課が記入	↑主務課が記入	↑文書主管課が記入

第5章　文書管理上のきまり

④　文書主管課は，ファイル管理簿と実際の保存箱内のファイルを照合し，誤りがないかどうかを確認する。このチェックは重要である。
⑤　文書主管課は引き継ぎを受けた保存箱を書庫で保存する。
⑥　引き継ぎ以降，必要な文書の利用から廃棄に至るまで，文書（フォルダー）は，保存箱（番号）で管理される。

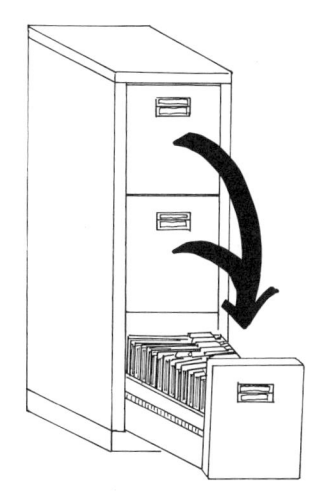

図17－1　移し換え

第1部　ファイリングシステムの基本

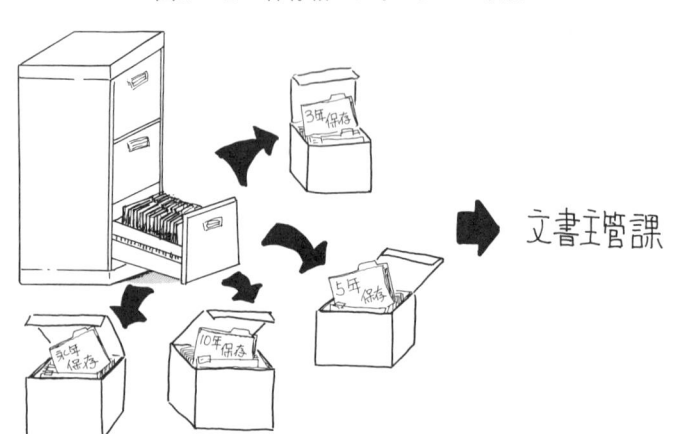

図17－2　保存箱へフォルダーの収納

〔保存箱番号の付け方〕

　保存箱番号は，各々のフォルダーがどの保存箱に入れられて保存されているかを示すものである。この他に保存箱の管理上の問題があることを忘れてはならない。書庫で保存されている保存箱は，保存期間に従って廃棄されていく。廃棄にあたって，当該年度の廃棄すべき保存箱は一目で分かるように並んでいることが望ましい。こっちの棚あっちの棚と探すのは大変であるし，ミスも起こる。保存箱を探すのは，保存期間中の文書を必要に応じて探すときも同様である。

　通常行われている付番方法は，大別して次の二つである。いずれをとるにしても，引き継ぎの方法，保存箱の管理方法，書庫の状況等を前提によく検討し，適切な付番を考えなければいけない。付番の方法を後日変更すると，保存方法の一貫性が損なわれ事務が混乱

第5章　文書管理上のきまり

する。最悪の場合には、行方不明の保存箱が発生することに充分注意する必要がある。

① 文書主管課が、主務課から引き継いだすべての保存箱に全庁統一番号を付ける。

　この場合各主務課は、保存箱に仮番号を付して、文書主管課への引き継ぎを行い、その後文書主管課が仮番号から全庁統一番号への振り替えを行うこととなる。

　この方法によれば、必要に応じてフォルダーの詰め替えが可能となり、保存場所の有効利用や保存箱の節約ができる利点がある。各主務課ごとの保存箱の場合、保存箱に空きが生ずる。全庁的に見るとこの無駄は無視できない。書庫の無駄使いにも

図18－1　全庁統一番号の付番

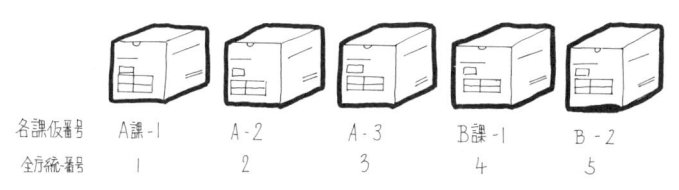

各課仮番号	A課-1	A-2	A-3	B課-1	B-2
全庁統一番号	1	2	3	4	5

図18－2　フォルダーの詰め替え

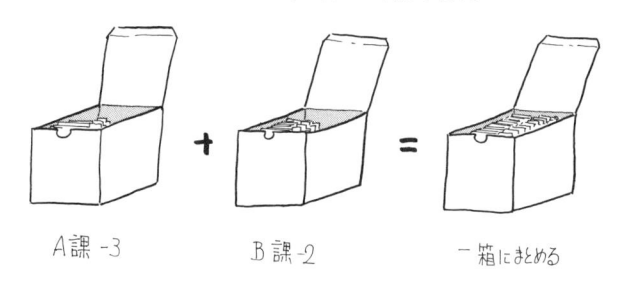

A課-3　＋　B課-2　＝　一箱にまとめる

通ずる。話を分かり易くするために極端にいうと、詰め替えない場合全庁的には、毎年度「主務課数×4（保存期間の種別数＝3，5，10，長期）」だけ保存箱の無駄が生じることになる。
② 各主務課ごとに付番する。
　この方法によると、文書主管課が全庁統一番号をふり直す作業が省略できる。ただし　統一的な番号でないため、番号の順を追って保存箱を探したりすることができない。また、全体的な把握が困難なので廃棄に際して、書庫内で一見して該当する保存箱を特定するのに苦労する。
　いずれの方法をとるかは、実状を把握して両者の長所短所を検討の上決めなければならない。

〔保存箱の表示事項〕

保存箱への表示事項は、次の項目が考えられるが、保存の方法等を充分検討の上決定することが必要である。後日表示事項を安易に変更すると、事務が混乱し保存箱を探し出せない事態も生ずるので注意すべきである。

	（表示事項）	（表示事項の一例）
①	全庁統一保存箱番号	・05－03－001
②	主務課仮番号	・総05－03－001
③	ファイルの所属年度	・05年
④	保存期間	・3年保存
⑤	廃棄予定年月	・09年3月
⑥	引き継ぎ年月	・05年4月
⑦	主務課名	・総務課

事務上の覚え書き等が保存箱に記入されているのを見かけるが、

第5章　文書管理上のきまり

時間の経過と共にその内容が理解できなくなるのでやめたほうがよい。また，組織改正があった場合に，さかのぼって主務課名を変えてはいけない。引き継ぎ時点でどの主務課から引き継いだのかを表示したのであるから，主務課名を後日変えると引き継ぎの事実が分からなくなってしまう。

　表示事項は，以上のとおりであるが，次の三項目は必要不可欠である。

①　ファイルの所属年度
②　保存期間
③　保存箱を特定する記号番号

全庁統一保存箱番号の一例をあげれば次のとおりである。

・05－03－001（2005年度の，3年保存のファイルで，1番目の保存箱）
　05　＝　ファイルの所属年度。2005年度のファイルである。
　03　＝　保存期間。3年保存文書である。
　001　＝　保存箱番号。1番目の保存箱である。

主務課仮番号の一例をあげれば次のとおりである。

・総05－03－01（総務課，2005年度の3年保存ファイル1番目の保存箱）

【実例】

　その1

保存箱番号				
保存年限			年（以上）	
課仮番号				
課　名				
廃棄年月日	年	月	日	以降廃棄

第1部　ファイリングシステムの基本

その2

文　書　保　存　箱	
保存年限	保存箱番号
年度	廃棄年月日
内容	
課	引継番号

その3

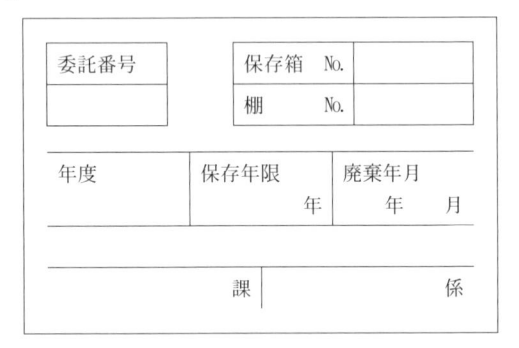

| 委託番号 | 保存箱 No. | |
| | 棚 No. | |

| 年度 | 保存年限 年 | 廃棄年月 年　月 |

| | 課 | 係 |

その4

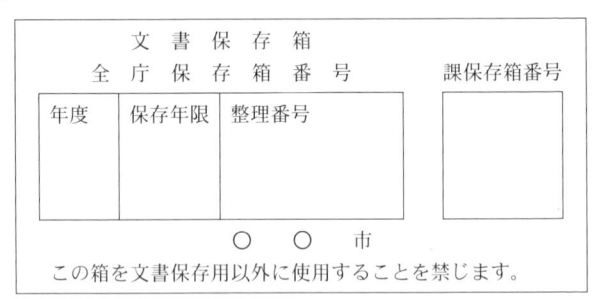

文　書　保　存　箱			
全　庁　保　存　箱　番　号			課保存箱番号
年度	保存年限	整理番号	

○　○　市
この箱を文書保存用以外に使用することを禁じます。

第5章　文書管理上のきまり

(5)　ファイルの保存

　年度ごとに区分され，保存期間別に保存箱に収納されて文書主管課に引き継がれたファイルは，保存期間が満了になるまで書庫に保存される。この間必要に応じた利用ができる。

　保存書庫は，保存ファイルを保存する場所であるが，保存ファイルは年々廃棄されていき，廃棄に向けた文書の流れが起こる。この文書の流れを確保できるような状態を作らなければならない。このため，物品類との共用は避けることが望ましい。また，秘密文書保持への配慮も忘れてはならない。

(6)　保存ファイルの廃棄

　保存ファイルは，保存期間の満了とともに廃棄する。従来は保存期間が経過しても廃棄に関しては，よく言えば慎重悪く言えば鈍感であった。これからは従来のようにとっておけば問題がないと言うわけにはいかない。保存期間は守られなければならない。保存ファイルによっては，保存期間は，そのファイルを廃棄すべき年月を定めたという意味を持つものもあるからである。個人情報にかかわるものについては，特に注意が必要である。

　保存期間を変更する場合は，明確な事務手続きにより行う。担当職員の恣意によって行ってはならない。具体的にいうと，決裁文書により行い，文書主管課長，情報公開担当課長との協議を要する(注)。

　　＊(注)　協議とは，「主管系列に属する者と，それ以外の者が，それぞれ，その職位との関連において起案文書の内容……についての意見の調整を図る行為（東京都文書事務の手引111頁)」。「5－6－6　保存期間の延長」参照。

図19　廃棄の流れ

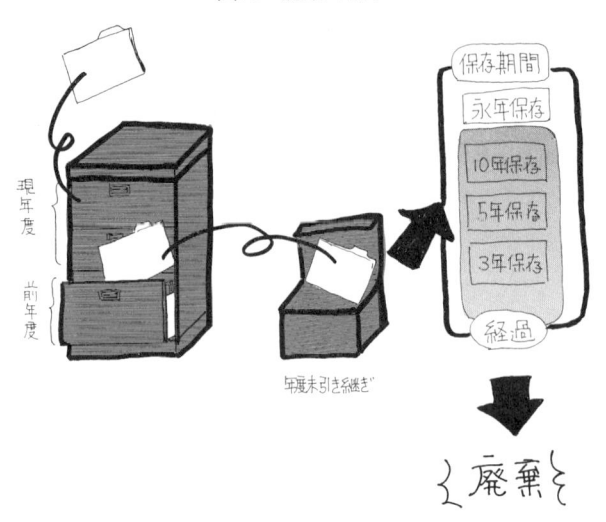

5－2　単年度主義と年度区分

　ファイリングシステムにおける文書の管理は，廃棄に至る文書の流れの進行とファイル管理簿の作成を毎年度ごとに行う単年度主義である。したがって，文書は年度ごとに区分しなければならない。財務会計が会計年度（単年度主義）をとっていることからも当然のことである。事務担当者が，一件の文書を在任中数年にわたり一括所持するというようなことは改めるべきである。

5－3　会計年度と暦年

　文書の年ごとの区分は，会計年度と暦年に大別される。
　　会計年度区分　　4月1日に始まり，翌年3月31日に終わる。
　　暦年区分　　　　1月1日に始まり，12月31日に終わる。

第5章　文書管理上のきまり

　ファイリングシステムは，会計年度区分で行うのが普通である。業務は予算に裏付けされて執行されるからである。

　移し換え，引き継ぎ，保存ファイルの廃棄，ファイル管理簿の調製は年度末に行う。しかし従来から暦年でまとめることが習わしとなっている文書は少なくないが，暦年文書であっても支障のない限り会計年度に従うこととする。この場合，暦年文書は3月末までの3ヶ月間キャビネット内に留め置くこととする。したがって，暦年文書にあっては1月以降発生した新文書と前年の旧文書がキャビネット内に併置されることになる。

　いわゆる暦年文書であっても，その取り扱いを年度区分と同様に行っても支障のないものがたくさんある。過去からの習慣にとらわれず，年度区分を前提に再検討することが大切である。

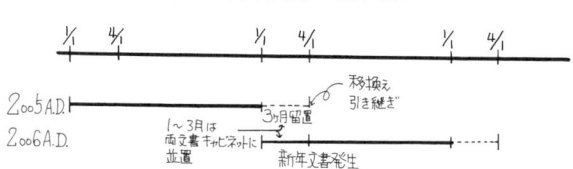

　　　　　図20　暦年文書の取り扱い

5－4　継続文書と常用文書（移し換えをしない文書）

　ファイリングシステムにおける文書の管理は，毎年度ごと単年度主義で行われる。

　文書は，年度ごとに区分し年度ごとに移し換え，引き継ぎといった文書の流れによって管理される。このことはファイリングシステムの維持管理の面から非常に重要である。以上の例外となるのが，継続文書と常用文書である。移し換えをしない文書の乱用は，文書

の流れを止め，システムを崩す大きな原因となり，また不要文書の温床ともなるので特に注意が必要である。

継続文書と常用文書の区分は，その文書の形式的内容（決裁等の）が完結しているか否かによって行う。

例えば，名簿類において毎年度発行するものは，内容が前年度とまったく同様の場合でも完結文書であり，常用文書の取り扱いとなる。

　　未完結文書　──→　未完結であるから，移し換えできない
　　＝継続文書
　　完結文書　　──→　事務上の必要から，移し換えをしない
　　＝常用文書

完結文書の定義は，自治体によってまちまちである。また，完結文書の概念を持たない（避けている）自治体もある。本書での，完結文書の語義は次のとおりである。

① 決裁文書にあっては，決裁が終了したもの。
② その他の文書にあっては，年度区分のできるものは年度ごとに完結文書とする。

5－4－1　継続文書

文書によっては，内容が常に変化していくものがある。また，数年にまたがって作成されていくものもある。すなわち単年度では完結しない文書である。これらの文書を「継続文書」と呼ぶ。継続文書は年度ごとの区分ができない。したがって，年度区分の例外的な文書となる。また文書の性質から，年度ごとの移し換えもできない。

継続文書にあっては，継続期間中完結するまで，キャビネット上段に現年度文書として留め置くこととする。

【実例】
① 文書の内容が常に変化していくもの
　・税滞納整理簿
　・市営住宅入居者台帳
　・図書台帳
② 文書の内容が年度をこえて作成蓄積されていくもの
　・職員履歴簿
　・職員健康管理台帳
　・指導要録
③ 文書の内容が数年度にわたるもの
　・経年変化調査（水質汚濁調査）
　・事業進行管理執行表
　・国勢調査のまとめ

　継続文書とは，その文書についていうのであって，その元となる業務とは関係がない。数年度にわたって行われる事業（大規模施設建設，あるいは区画整理事業等）に関する文書は，継続事業であるがゆえに継続文書なのではなく，その文書が完結しているかどうかで決まるものである。例えば，支出負担行為に関する文書は完結文書であり（会計年度独立の原則），継続文書ではない。事業が年度を超えて行われようと，そのほとんどは完結文書であり継続文書ではない。

　これらの継続事業関係の文書が，事務室内に長期間置かれている例が多い。使用頻度の少ないものは，引き継ぎをし書庫で保存することを検討すべきである。そのほうが管理も行き届くし，事務室の有効利用にも役立つはずである。

5−4−2 常用文書

常用文書とは，文書それ自体は完結し移し換えをすべきだが，その活用の必要性から，常に現年度文書と同様の扱いをし，移し換えをしない文書をいう。

移し換えをしない文書の取り扱いは，継続文書と同様であるが，継続文書が未完結文書であるのに対し，常用文書は完結文書であることに注意が必要である。

常用文書につては，その扱いを漫然と事務担当者の恣意に任せるべきではない。主務課長の指定（行為）が必要である[注]。

　*(注)　東京都文書事務の手引き「常用文書とは，主務課において常時利用する必要があるものとして，主務課長が指定した文書等である。」

【実例】
① 文書の内容が，年度をこえて常に活用されているもの
　・常時縦覧あるいは閲覧に供されているもの（都市計画決定図書，医療機関名簿等）
　・公印台帳
② 事業が年度をまたいで継続しているもの
　・事業用地買収関連文書（登記済証）
　・訴訟係属関連文書（証憑類）
③ 各種名簿類
　　同一文書を加除訂正して使用する場合は「継続文書」であるが，毎年度作成するもの　は「常用文書」であることに注意。
　・民生委員名簿
　・議会議員名簿

・文化体育団体登録一覧
④ 各種マニュアル及び事務参考資料
　・交通機関料金表
　・他自治体参考資料
　・財務会計入力マニュアル
　・介護制度のあらまし（○○出版社）
⑤ 使用頻度の高いもの。窓口応対，電話問い合わせなどに即時処理が要求されるもの。その他緊急性が求められるもの。
　・各種料金収納記録台帳
　・公害工場届出台帳

　この「使用頻度の高いもの」については，とかく手元に置いておけば便利であるとの理由で多くなりがちである。文書は移し換えを行うことが原則であることに理解が必要である。使用頻度が年に数回のものとか数年前の文書などは，引き継ぎをして，必要な時に書庫から取り出して使用することが望ましい。

5－5　文書の所属年度

　ファイリングシステムにおける文書管理は，「所属年度」による「単年度主義」によって行われるのであるから，その文書が何年度の文書であるかを決めるのは重要事項である。その文書が，何年度の文書であるかを決めるのが意外とおろそかにされている。これは従来「○○年度起×××文書」というような何年にもわたって，担当職員の在任期間中，綴じ紐でとじてきた私的管理によるところが，おおきな理由ではないだろうか。

　通常は文書が発生した年度が，そのままその文書の発生年度であり「所属年度」となる。しかし，それによらない文書がある。継続

文書と常用文書である。

5−5−1　発生事実主義

　文書が事実発生したとき，その時の年度がその文書の「所属年度」となる。発生の事実に基づき年度を決定する。

　文書の内容によって年度を決めている例があるが，混乱を招くので避けなければならない。文書の内容は，年度ごとに明確に区分できるものばかりではない。内容によって決定することになると，各々の文書について，その判断をしなければならない。文書の所属年度を決めるのに判断事務を持ち込むのは，事務のルーチン化の面で好ましくない。なによりも人によって判断の結果が異なる恐れがあるため，処理方法の明確化の面からも採用すべきではない。

　また，保存期間やその他の理由で，所属年度を逆算して決めている例もあるが，本末転倒である。後日目的の文書を探し出せなくなる恐れがある。

　所属年度は，それぞれの文書によって決め方が異なるのではなく，すべての文書について発生の事実に基づき決定されるべきものである。

　送付されてきた文書の発生時点は，通常民法の到達主義による。すなわち受信者の了知し得べき状態に入った時である。

5−5−2　継続文書と常用文書の所属年度

(1)　所属年度の決定

　文書が事実発生したとき，その発生の事実に基づき所属年度を決定する。この例外となるのが，継続文書と常用文書である。この場合の所属年度は，継続又は常用する次の年度へ順次移っていくとい

う考え方をとる。すなわち，継続又は常用を終了し移し換えを行った年度を所属年度とするものである。

① 継続文書にあっては，発生年度と完結年度が異なるため，完結年度（継続終了の年度）をもって所属年度とする。
【実例】　水質汚濁経年変化調査
同一地点，同一月日で3年間水質諸項目につき調査する。
2005年度から2007年度まで
文書の発生　2005年度，文書の完結　2007年度
→　所属年度　2007年度

② 常用文書にあっては，その常用期間の満了した年度を所属年度とする。このことは，ファイリングシステム上のきまりであって，実際の文書の年度まで言及するものではない。
【実例】・議会議員名簿，民生委員名簿
任期満了に伴う次の改選時あるいは委嘱時まで使用する場合。
→　所属年度　任期満了の年度
・訴訟係属中の証憑類
裁判の終了または判決が確定するまで使用する場合。
→　所属年度　裁判の終了または判決が確定した年度

(2)　ファイル管理簿への登載

継続文書と常用文書にあっては，その継続又は常用する期間中ファイル管理簿へ登載する。所属年度は，継続又は常用する次の年度へ順次移っていくという考え方をとるからである。すなわち，継続又は常用を終了し移し換えを行った年度を所属年度とするものであ

る。
　因みに、移し換え後の文書を探すときは、所属年度のファイル管理簿により探すこととなる。

5－5－3　暦年文書の所属年度

　暦年文書にあっては、次の方法による。
　その文書が発生した年の1月の属する年度から次年度への継続文書とする。

　　【実例】　年次休暇簿（2005年）
　　　　　　発生　2005年1月、（2004年度文書）
　　　　　　2004年度から2005年度までの継続文書とする。
　　　　　　所属年度　→　2005年度

5－6　文書の保存期間

　ファイリングシステムにおいて、文書の保存期間は、それぞれのフォルダーごとに決める。文書のフォルダー化にあたり、できるだけ保存期間の同じ文書をまとめるようにする。保存期間が異なる文書を一緒にフォルダー化するときは、保存期間は、その長期のほうにする。極端に保存期間が異なる場合には、文書のまとめ方を再検討する(注)。
　文書の保存が、各々のフォルダーごとに定められるということからも、フォルダー内文書は多すぎてはならない。分厚いフォルダーは、とかく文書の整理も、分類も乱れがちである。
　長期保存文書にあっては、永久に廃棄できない文書と、長期保存ではあるが保存期間が定められている文書とは明確に区分して保存しなければならない。

【実例】

（長期保存文書）
・指導要録 ─┬─ 学籍の記録　20年保存
　　　　　　└─ 指導の記録　5年保存

　ア　指導要録は，長期保存文書であるが20年保存という有期間保存文書である。
　イ　指導要録は，学籍に関する部分と指導に関する部分との保存期間が異なるので，それぞれを保存期間別に区分し保存しなければならない。
　＊(注)　「7－1　文書の特定とフォルダー化」参照。

5－6－1　文書の保存期間を決める基準

　文書の保存期間は，従来のやり方では「……関係文書は○○年保存」というように定められていて，あいまいである。従来の保存期間の基準は，事案の重要性によって決められている。しかし，重要事案であってもそれに関する文書がすべて重要であり，長期保存とは限らない。あくまでその文書のみが持つ重要性によって判断されるべきである。

　実務的な問題としては，保存期間の決定に当たり，当該文書がどの「……関係文書」に当たるのか，事務担当者が判断しなければならないということである。このような場合，事務担当者によって判断のズレが生じることが珍しくない。同様な保存文書にあって，よく保存期間に乱れが見られるのもこのためである。

　文書の保存期間を，各々のフォルダーごとに定める意義は，これらの欠点を排除することにある。

　次に主な文書の保存期間を決める基準について述べる。

第1部　ファイリングシステムの基本

(1)　法規で定められている保存期間

　法規で当該文書の保存期間が定められている場合は，それに従う。しかし，このケースはきわめて少ない。

【実例】・届書等の保存　→　27年（戸籍法施行規則49条2項）

(2)　法規上必要とする保存期間

① 　契約等で，その契約期間中保存しておく文書

【実例】・土地の賃貸借契約

　　　　・リース契約

　これらの文書について，契約期間の切れた過去の文書を漫然と保存している例をよく見かけるが，保存が必要か否かを検討し，不要なものは廃棄するよう保存期間をきちんと決めて，引き継ぎを行うことが必要である。

② 　時効にかかわるもので，その期間保存しておく文書

【実例】（公法関係）

　　　　・保険料等徴収金，または還付金にかかわる権利→2年
　　　　（国民健康保険法110条1項）

　　　　・金銭債権の消滅時効→5年（地方自治法236条）

　　　　（私法関係）

　　　　・請負人の工事に関する債権→3年（民法170条の2）

(3)　許認可の期間に関するもの

　行政財産の使用許可等（許認可する立場と，される立場と両方の例は多い）

【実例】

　　　　・（河川敷を運動場として使用するための）使用許可

・(水道・下水道施設用地の) 使用許可

(4) 過去の経緯を知るための文書

これらの文書については、保存期間を定めるにあたって判断に苦しむ場合も予想されるが、保存の目的を明確にし、目的に従った保存期間を決めるべきである。ただ必要ということだけで長期保存というのは困りものである。

(5) 原本保存主義

同じ内容の文書であっても、その事案の主務課とそうでない課にあっては、その文書を保存するのは事案の主務課であり、他の課は利用の必要がなくなれば廃棄する。保存期間は当然異なることとなる。この他の理由として、同じ内容の文書を組織全体から見て、重複して保存することを避けるという趣旨もある(注)。

実例としてよく目にするものは、支出負担行為関係の文書である。原本は出納室にあるにもかかわらず、その写しを事務参考期間はおろか、時効期間保存している。この例などは、全く無意味な保存のように思える。

＊(注) 「東京都文書事務の手引171頁」参照。

(6) 事務参考上必要な保存期間

役所においては、毎年同様の事務が多く発生する。したがって、過去の文書をマニュアルとして使用することが一般的である。このことは文書管理上特に問題となることはないが、問題は事務の参考上必要だということで、漫然と長期にわたって保存されているという現実にあるのである。保存期間を決めるにあたり注意が必要であ

る。特に本務の課が持っている文書のコピーについては，保存期間の短縮，あるいは廃棄を検討すべきである。

5－6－2　長期保存文書，永年保存文書

長期保存文書または永年保存文書と呼ばれる文書がある。しかし，これらの文書でもかならずしも長期保存を必要としない文書が数多く見られる。保存期間を再検討すべき文書のいくつかの例を次にあげる。

(1) 歴史的資料類

行政事務上必要な文書と，図書館等における歴史的資料類は区分しなければならない。行政事務上の役割を終えた文書は，歴史的資料類として関係機関に引き渡すルールの確立が望まれる。こうすることによって，行政上の文書管理事務の軽減と，資料価値の増進が図られることとなる。

(2) 契約関係の消滅

契約関係の文書には，10年以上の長期にわたり保存の必要なものがある。また，行政財産の使用許可等にも，同様なものが多く存在する。

しかし，それらの文書でも契約や許可の実態が消滅すれば，不要となるものがある。これらの文書を廃棄するルールの確立が望まれる。

(3) 保存理由の消滅

建築物の設計書，消防水利許可証等において，その文書の目的の

物件が消滅した場合は，その役割を終えた文書を廃棄することができる。しかし，現実には長期保存文書ということで，見直されることもなく書庫で眠っているのが普通であろう。これらの文書にあっては，消滅物件の把握と長期保存文書の見直しの二面からのチェックが必要であろう。

このような長期保存文書のいろいろな問題点を前提に，長期保存をなくし「11年以上保存」として，10年ごとに保存文書の見直しを行っている自治体もある。

5－6－3　保存期間を決める主体

保存期間を決めるのは，その業務の主務課が妥当である(注)。文書は業務から発生するものであるから，当然のことながらその業務の主務課の責任において決めるべきものである。文書主管課が全庁統一的に決めるべきであるという意見をよく耳にするが，理論的でない。

当該文書が，その業務上如何なる意味を持つか，どのぐらい保存すべきかは，正に業務そのものであって，他の課が口をはさむ性質のものではない。

ただし，本務以外の文書については，全庁統一的基準を設けることが妥当なものは存在する。例えば，職員の服務に関する文書（年次休暇簿等），管財に関する文書（庁有車運行日誌，同整備記録等）等例は少なくない。

　＊(注)　東京都文書事務の手引き「主務課長は，文書保存期間表に従い，その所管する課の文書等の保存期間を定め……　」(176頁)

5−6−4　保存期間の種別

保存期間は，一般的には種別できめられている。一般的な種別は次のとおりである。

　　長期（永年）又は，11年以上（10年ごとに保存期間を見直すという趣旨）
　　10年
　　5年
　　3年
　　1年
　　1年未満

この種別が細かいもの（例えば1，2，3，5，7，10年，長期）も見かけるが，それだけ廃棄に至る管理が複雑かつ文書主管課の負担が大きくなる。きちんと文書の流れを担保し，廃棄処理が行われないと，かえってよい結果を生まないので注意を要する。文書主管課担当者の陣容，書庫の状況等を勘案して慎重に定めるべきである。

すべての事柄に言えることであるが，理論に走ってそれを担保する条件を忘れてはならない。

5−6−5　保存期間の計算

文書の保存期間の始期は，一年未満の場合を除けば，「当該文書等を職務上作成し，取得した日の属する会計年度の翌会計年度の初めから起算する」というのが一般的である。その終期については，当該文書の保存期間の終了する日，すなわち3月31日となる。

ただし，継続文書と常用文書にあっては，その継続または常用の完結した年度の翌年度の初めから起算することとする。終期については同様である。

それぞれの文書の作成または取得の日をもって保存の起算が始まる方式が国では行われている。この方式は一見理にかなっているように思えるが、実務上非現実的であり、その実行は不可能である。この方式では、完結文書を廃棄年月日順に整理しておかなければならないからである。

〔大量文書の月区分の保存期間〕
　日々発生する大量な文書（住民異動届、印鑑証明願の類）については、膨大な文書量とその使用頻度の少なさから、一日でも早く廃棄したいという理由で月区分で保存期間を例外的に定めている例がある。
　　住民異動届　３年保存　発生2005年６月15日　→　６月分異動
　　　　　　　　　　　　　届としてまとめる
　　　　　　　　　　　　　廃棄2008年６月30日　←　６月分異動
　　　　　　　　　　　　　届
　一年区分で行われている保存期間の例外を作ることになるのであるが、年一回の廃棄でも負担が大きいのに、毎月の廃棄が果たしてきちんと実行できるであろうか。役所の文書管理の現状を見る限り賛成できない。

5－6－6　保存期間の延長

　いったん定めた保存期間は、みだりに変更すべきでない。情報公開においても、当該文書の保存期間はその文書の重要な内容である。また保存期間の変更はファイル管理簿を始め、廃棄に至る手続きの変更をも意味し、その変更が間違いを起こしやすいことに注意しなければならない。

保存期間の延長について，法は次の2項目を定めている(注)。
(1) 保存期間満了前の行政文書
① 現に監査，調査の対象となっているもの
　　当該調査，検査が終了するまでの間
② 現に係属中の訴訟手続き上必要とされるもの
　　当該訴訟が終結するまでの間
③ 現に係属中の不服申立手続き上必要とされるもの
　　当該不服申立に対する採決又は決定の日の翌日から起算して一年間
④ 開示請求があったもの
　　法9条（開示請求に対する措置）各項の決定の日から起算して一年間

(2) 保存期間満了後の行政文書
職務遂行上必要あると認めるときは，一定の期間を定めて保存期間を延長することとする。再延長についても同様である。

保存期間の短縮については，法は何らの定めをしていない。消極に解すべき事案であるからであろう。
　＊(注)　情報公開法施行令16条1項6号，7号。

第6章
ファイル管理

6－1　行政文書の管理

　情報公開法は，行政文書の適正な管理において主として次の4項目を求めている(注)。

　第一は，行政文書の分類，作成，保存及び廃棄に関する基準である。すなわち文書管理規定類の整備である。

　第二は，行政文書の分類の基準の定めと，年一回の見直しである。

　第三は，ファイル管理簿の磁気ディスクによる調製である。

　第四は，文書管理規程類及びファイル管理簿の閲覧である。

　　＊（注）　情報公開法37条，情報公開法施行令16条。

6－2　文書管理規程の整備

　文書管理規程については，「文書管理規則」あるいは「文書管理規程」といったもので定められるのが普通である。「条例」で定めた例もあるが，その理念的なものはよいとしても，事務手順といった事項まで条例にゆだねると制度の運用が困難になる。事務手順は試行錯誤的なものがあり，また，状況によって変更を必要とする場合が多々あるからである。

　ファイリングシステム導入による「文書管理規程定」の改訂については，「第Ⅱ部　文書管理関係規程の改正の項」で詳述する。

　文書管理規程の内容は，本書ファイリングシステムの内容とおお

むね重なるので、ここでは記述しない。それぞれの関係項目を参照されたい。

6－3　ファイル管理簿

　ファイル管理簿は、情報公開法に求められている情報公開に対応するものとしての機能と、役所内部での正確な文書管理を運用するための機能の両面から作成されるものである。ファイル管理簿作成の意義はここにある。

　ファイル管理簿は、単なる文書の目録ではなく、文書のライフサイクルを管理するものである。その主な機能は、次のとおりである。

① 情報公開の情報目録としての機能
　　情報公開法が求める、閲覧用ファイル管理簿そのもの
② 文書目録としての機能
　　ファイリングシステムで管理する文書の総体。どういう文書が発生し、現在どのような状態にあるのか。
③ 文書分類表としての機能
　　どういう文書があり、それらがどのように分類されているのか。
④ 文書の保存期間表としての機能
　　当該文書を何年間保存するのか。
⑤ 文書の保存記録表としての機能
　　保存文書は、どこでどのような状態で保存されているのか。使用するのにどこを探せばよいのか。
⑥ 文書廃棄記録表としての機能
　　当該文書を、いつ廃棄するのか。いつ廃棄したのか。

〔ファイル管理簿と行政文書分類の基準〕
① 情報公開法においては，行政文書の管理を適切に行うためのファイル管理簿を調製することとしている。

　一方，行政機関の事務及び事業の性質，内容等に応じた系統的な行政文書の分類の基準を定めることとし，毎年一回見直しを行い，必要があればその改正を行うこととしている(注1)。

　ファイル管理簿の調製は，いうまでもなく現実に発生した行政文書の文書目録であり，分類基準は，行政文書を整理分類し，つまりはファイル管理簿を作成するための基準である。このように両者は，決定的に異なるものである。

　行政文書の分類の基準は，年一回見直され必要があれば改訂が行われるのに対し，ファイル管理簿は，現実に発生した文書の目録であるから後日改訂されるということはあり得ない（誤字，脱落等事務上のミスの訂正は別のこと）。

　この両者が誤解されて混同し，ファイル管理簿の改訂が行われているが誤りである。

② 次項以下において記述されるファイル管理簿は，この行政文書の分類の基準にも適合するものである。事務，事業の性質内容等によって，行政文書が分類され課ごとに系統的に編成され全庁統一的分類表，すなわちファイル管理簿が出来上がるからである。

　このファイル管理簿が，翌年度の行政文書分類の基準ともなるのである(注2)。

＊(注1)　情報公開法施行令16条1項1号。
＊(注2)　「9－2－2　移し換え(3)次年度ガイドフォルダー作成」参照。

第1部 ファイリングシステムの基本

6－3－1 ファイル管理簿の対象とする情報

　ファイル管理簿の対象とする情報は，ファイリングシステムの対象とする文書と同じくすることが現実的である。ファイル管理簿の対象を，厳密に情報公開法で言う「行政文書」に限るとすれば，ファイリングシステムとの間にズレが生じファイリングシステムそのものに支障をきたすこととなる。例えば，ファイリングシステムの対象文書から行政文書を区分することは，実務上困難である(注)。

　ファイル管理簿へは，その理由の如何を問わず，すべてのファイルを登載しなければならない。秘密文書をファイル管理簿から除いている現実がまだまだあるが，こういう状況からはもう脱却して欲しいものである。

　＊(注)　「4－5　ファイリングシステムが対象とする文書」参照。

6－3－2　ファイル管理簿の作成方法とその様式

　ファイル管理簿の作成は，ファイリングキャビネットに収納されている，第1ガイド，第2ガイド，及びファイル名（フォルダーのタイトル）を順次そのまま書き取ることによって作成する。この他必要事項の欄を適宜埋めていく。

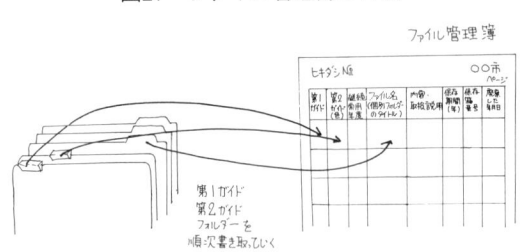

図21　ファイル管理簿の作成

第6章　ファイル管理

　ファイル管理簿には，必ず目次をつける。この目次は，第1ガイド，第2ガイドのタイトルによって構成する。この目次は，文書目録，文書の事項索引，文書分類基準といった機能を果たすこととなる。

〔閲覧用ファイル管理簿〕
　ファイリングシステムにおいては，その管理の対象となっているすべてのファイルをファイル目録にまとめて把握する必要がある。そのファイル目録が情報公開に対応するための情報目録となる。すなわち紙情報にかかわる管理簿である。
　ここで問題がある。ファイル目録は，実際のファイルのファイル名から構成されるものであり，ファイル名には，当然個人名等が出てくる場合がある。個人名で整理される文書は少なくはない。しかし個人名の出ているファイル名をそのまま閲覧させるわけにはいかない。そこで閲覧用として，その個人情報にかかわる部分を削除したものを作る必要が出てくることとなる。
　閲覧用ファイル管理簿は，ファイル管理簿を元にして，そこから個人情報を削除したものが最適である。実務上もこの作成方法が最も簡便であり，正確性も保持できる。

閲覧用ファイル管理簿の作成
　ファイル管理簿（ファイル目録）から個人情報を削除　→　閲覧用ファイル管理簿
　【実例】
　　ファイル管理簿（文書目録）　個人情報　　閲覧用ファイル管理簿
　　ファイル名　　　　　　　　　　　　　　　ファイル名
　　生活保護台帳・生保太郎　→個人名削除→生活保護台帳──

市民税滞納台帳・落穂滞子→個人名削除→市民税滞納台帳──
　介護ファイル・貝後要太朗→個人名削除→介護ファイル──
　この場合，ファイル目録から削除するのは，個人情報（特定個人を識別できるもの）のみにとどめることとする。例えば，ファイル名（上記の例では「生活保護台帳」）すべてを削除してしまうと，ファイルそのものがファイル管理簿上不存在となり，場合によっては情報隠しともなるので注意を要する。

〔最終的に主務課に残らない文書〕
　年度中に存在し，3月31日現在不存在となった文書がある。これらの文書についてもファイル管理簿に登載する。他機関へ送付した文書や経由文書等である。これらの最終的に主務課に残らない文書であっても，ファイル管理簿へ登載する。その文書がファイリングシステム管理からはずれると，文書の私物化が起こり，管理の記録も残らなくなる。このような状況になると，行政手続き上の問題等に発展する場合もあるので充分な注意が必要である。
　実務上は，これらの文書に該当するフォルダーを作り，文書分類上の位置付けをして，送付前の文書はそのフォルダーによって管理することとする。この場合，年度末の不存在事由をファイル管理簿の所定の欄へ記入する。

【実例】
　　年次休暇簿，出勤カード　　→　　人事課
　　戸籍の届書　　　　　　　　→　　法務局
　　進達文書　　　　　　　　　→　　関係機関
　　施設設計図（営繕課）　　　→　　設計依頼課

第6章　ファイル管理

図22-1　ファイル管理簿の様式その1（目次）

〇〇年度　行政文書ファイル管理簿

_____課

課長　　　　　　　印
文書主任　　　　　印
文書取扱員　　　　印
文書取扱員　　　　印
文書取扱員　　　　印

― 目　　次 ―

第1ガイド	第2ガイド (色)	ヒキダシ No	ページ	第1ガイド	第2ガイド (色)	ヒキダシ No	ページ

〇〇年度　〇〇課行政文書ファイル管理簿

第1部 ファイリングシステムの基本

図22-2 ファイル管理簿の様式その2（本文）

○○市

ヒキダシNo　　　　　　　　　　　　　　　　　　　　　　　　　ページ

第1ガイド	第2ガイド（色）	継続常用年度	ファイル名(個別フォルダーのタイトル)	内容・取扱説明	保存期間(年)	保存箱番号	廃棄した年月日

○○年度 ○○課行政文書ファイル管理簿

第6章　ファイル管理

6－3－3　ファイル管理簿作成の基準日

作成の基準日は，毎年度の最終日（3月31日）とする。その年度に発生したすべての文書を把握できるのが年度末なので，作成の基準日を毎年度の最終日とするのである。年度末現在の現状をそのまま書き取ることとする。

上記，最終的に主務課に残らない文書についても記入する事に注意する。

4月1日現在で当該年度の文書目録（ファイル管理簿）を作成する例も多く見られるが，文書分類基準としての意味はあるが，文書が発生する前に文書目録を作るわけであるから，実際の文書目録ではあり得ない。当該文書目録が確定するのは，やはり年度末を待たなければならない。4月1日を基準日にすれば，年度末にはその変更が必要となる。年二回の文書目録作成に要する事務の負担に見合うメリットが，どこにあるのか私には分からない。

6－3－4　ファイル管理簿の変更

ファイル管理簿は，作成基準日に存在する文書の事実を書き取ったものであるから，後日変更してはならない。例えば，ある一瞬の事実を写し取った写真のように，後日それを変更するとすれば，事実を変えることとなる。ただし，好ましくはないが，事務上のミスを訂正するのはやむを得ない。

組織改正にあたっても変更してはいけない。その理由は，上記とまったく同様である。例えば，新庁舎建設対策課の「建設審議会議事録」という文書は，新庁舎建設対策課が解散しても，永久にその課が作った文書である。組織改正によって，その管理を引き継いだ例えば営繕課の文書となることはない。

ファイル管理簿自体の管理と、課が消滅してしまった課の実際のファイルを誰が管理するのかということとは、まったく別の次元の問題である。ファイル管理簿には、組織改正に伴う処理結果を注記すればよい。

以上により原則としてファイル管理簿の変更はしてはならない。しかし変更せざるを得ない事由を全く否定することもできない現実がある。後日保存期間を変更する場合等がこれに当たる(注)。

変更に当たっては、変更した事実をきちんと記録しておく必要がある。ファイル管理簿の内容の変更については、その事務処理手順を明確に定めておく必要がある。事案変更の理由はそれぞれであり、ファイル管理簿管理の事務処理手順といったものはない。それぞれ自治体によって異なるから、これといった一般的普遍的な事務処理手順といったものはない。それぞれの自治体が適切な事務処理を明確に定めておく必要がある。ファイル管理簿の管理は、半永久的なものであるからその事務処理手順はおろそかにできない。いい加減な処理をすると後日目的の文書を探し出せなくなるので充分な注意が求められている。

　＊(注)　「5－6－6　保存期間の延長」参照。

6－4　ファイル管理の主体とファイル管理の単位

ファイリングシステムでは、従来の私的管理を排し、文書を組織的に管理する。この文書管理の組織的主体は、ある一定の業務のまとまり、すなわち一人の管理職の業務の範囲が適当である。現実的には「課」がこれにあたる。実際の例も課が普通である。

ただし、ファイルの管理ということは、実際にはキャビネットの集中管理から始まって、移し換え、引き継ぎといった作業の統一性

という物理的条件を伴う。出先機関などの場合，同じ課に属していても作業の統一性を守ることに困難を伴うので，そこが「係」であっても，独立したファイル管理の単位とする。また，逆に課より大きな「部」であっても，業務の形態から部をファイル管理の単位とすることもある。

このようにファイル管理の単位は，実状によってまちまちである。ごく普通に行われている課以外のファイル管理の単位の実例をあげれば，本庁舎の外の〇〇相談室，保育所，幼稚園，児童館，健康保健センター等その例は多い。

ファイル管理簿の作成は，ファイル管理の単位で行うこととする。この場合，そのファイル管理簿の決裁権者を誰とするかは，内部規程（例えば事案決定規程等）による。

6－5　ファイル責任者とファイル担当者

法は，職員の中から指名する者に，行政文書の管理に関する事務の運営につき監督を行わせることとしている[注]。

この定めに対し，明確な組織上の位置づけが必要である。このため課にはファイル責任者を，係にはファイル担当者を置くこととする。これには現行組織上の文書主任，文書取扱員をあてることが一般的である。勿論新たにファイリングシステムのための役職を設けることに問題はない。

ファイル責任者は，課内におけるファイリングシステムの総括責任者である。その任務は次のとおりである。

① 課全体のファイリングシステムの維持管理の総括
② ファイル管理簿の作成に関すること
③ 移し換え，引き継ぎに関すること

④ 文書の活用，保存，廃棄に関すること
⑤ ファイリングシステムの維持管理指導に関すること

　ファイル担当者は，ファイル責任者がその任務を遂行するにあたり，その補佐役としてファイル責任者の指示のもと，係のファイリングシステム維持管理に関することを行う。

　＊(注)　情報公開法施行令16条1項11号。

第7章
文書整理の実際

7－1　文書の特定とフォルダー化

　文書管理の最重要事項は,「文書の特定」である。文書の特定とは,ファイル管理簿のファイル名と,具体の文書を同定することである。すなわち,抽象的なファイル名が,具体的にはどの文書を指しているのかを明らかにすることである。

　この文書の特定作業なくして文書管理は始まらない。言葉を変えれば,文書の特定があやふやな文書管理は,文書管理ではない。しかし現実にはこの重要事項があやふやな文書管理が横行している。その原因の一つとして,上述したファイル管理簿の調製と分類基準の混同にあることは否めない(注)。

　【実例】
　　その1　フォルダーのタイトルをファイル名としながら,フォルダーの中身の文書を随時入れ替えている。
　　その2　フォルダー内文書が,数年度にわたって蓄積されていき,恣意的に古い方から棄てられている。
　　その3　文書分類上の分類名をファイル名とし,新旧の文書を入れ替えている。
　　　（市基本計画　→　改訂市基本計画　→　第3次市基本計画）

　これらに共通した問題点は,ファイル管理簿上のファイル名にあたる文書が具体的にどの文書であるか分からない。入れ替えられた

新旧文書は同じ文書ではない。

次に、入れ替えられた旧文書が恣意的に廃棄され、廃棄の記録がファイル管理簿に表れない。ファイル管理簿が形骸化しているのである。

上記3例は、事例として重なる部分もあるが、共通しているのは、一つのファイル名が示す具体的文書が特定されず、コロコロ変わっていることである。しかも、何種類もの文書が何年度にもわたって存在することである。役所の業務は毎年度反復されるものが多いので、このような例が珍しくない。これでは、当該文書をファイル管理簿によって探し出すことはできない。文書の特定なくして、文書のライフサイクルは制御できない。

> *(注)　「6-3　ファイル管理簿〔ファイル管理簿と行政文書分類の基準〕」参照。

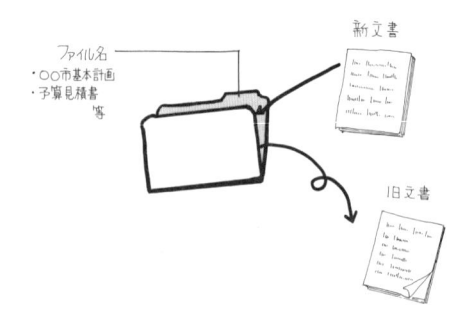

図23　文書の入れ替え

7-1-1　文書のフォルダー化

ファイリングシステムでは、文書はすべてフォルダーに入れて管理する。これは、ファイリングシステムにおける大原則である。こ

の大原則に例外はない(注)。文書の発生から廃棄に至るまで，すべての管理はフォルダー単位で行う。文書すなわちフォルダー，フォルダーすなわち文書である。

　文書を仕分けして，フォルダーに入れることを「文書のフォルダー化」という。文書をフォルダー化するということは，数ある文書の中から，その文書をまとめてフォルダーに入れ，命名し（フォルダーのタイトルを付け）その文書を特定するということである。このフォルダーを文書管理上の一単位として取り扱い，文書のライフサイクルを制御するものである。ここに文書のフォルダー化の意義があり，また，すべての文書をフォルダー化しなければならない理由がある。

　文書をフォルダー化するためには，ある文書のかたまりを細分化し，似たもの同士をまとめていくのであるから，「フォルダー化は，分類」でもある。「文書への命名」も他文書との区分においてまた分類である。

　フォルダー化にあたっては，「文書の年度区分」と「文書のまとめ方」が重要なポイントとなる。

　　＊(注)　「7－2　文書所在カード」参照。

7－1－2　文書フォルダー化の利点

　フォルダー化は，文書を特定することのみならず，次の利点を持っている。
(1)　文書のライフサイクル管理に最適の形体である。
(2)　文書の細分化と，細分化による収納が容易にできる。
　　① 　文書を細分化できる。これは文書の利用，収納，分類上最大の利点である。

② 細分化により、文書をフォルダーへ容易に収納でき、利用に便利である。また廃棄についても、きめ細かにかつ容易にできる。
(3) 分類体系作成が容易にできる。
　　ガイドとの組み合わせにより、きめ細かな分類が容易にでき、客観的分類が可能となる。それにより誰もがいつでも容易に文書を利用できる。
(4) 文書検索に便利である。また必要な文書を単体で取り出せる。
(5) 保管スペースの効率化。
　　不要文書の廃棄が容易であり、細分化により文書の保管に融通性ができ、保管スペースの効率化が図れる。

7-1-3　文書の年度区分

文書をフォルダー化するにあたり、文書の年度区分はその前提となる（単年度主義）。この年度区分の原則は、次のとおりである。

年度区分の原則
① 文書はすべて年度区分する。
　　年度区分するということは、文書を単年度ごとにフォルダーで区分するということである。同一フォルダーへ数年度分の文書を入れてはいけない。
② 暦年文書で年度ごとに区分できないものは、年ごとに区分する。
③ 年度をまたいで成り立つ文書は、その内容の単位で区分する。
【実例】　年次休暇簿（暦年文書）
　　　　　火災発生状況調査（暦年文書）
　　　　　給食費納入実績調書（年度途中から始まって、一年間続く。）

第7章　文書整理の実際

図24　年度をまたいだ文書の区分

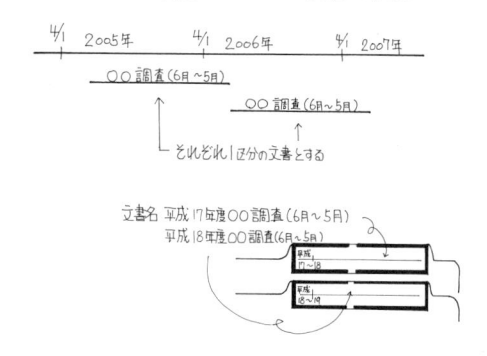

この種の文書は、同一ガイド内（同一分類場所に）に、現年（度）と前年（度）のファイルが存在することになる。

7－1－4　フォルダーの作り方（文書のまとめ方）

　文書をフォルダー化するためには、あるひとかたまりの文書を仕分けして、フォルダーに入れる単位にまとめなければならない。このまとめの作業は、ある場合には、ひとかたまりの文書を細分化する作業になることもある。このまとめ方の基準は、次のとおりである。

　①　それ以上細分化できない、最小単位のまとまりとする。
　②　実務上必要なひとまとまりの単位とする。
　③　フォルダーに入れる文書量は、50枚程度を限度とする。

　実務対応型ファイリングシステムでは、あらかじめ全庁統一文書分類表といったものは作らない。あくまで実際の実務に沿った形で文書をまとめていく。実務上関連のある一群の文書ごとに、使いやすさ、探しやすさを目標にまとめていくことが肝要である。

第1部 ファイリングシステムの基本

フォルダー化の基準は，上記のとおりであるが，次に実際の作業における留意点のいくつかをあげる。

① 文書の最小単位は1枚から

文書は，最小単位のまとまりにしてフォルダー化する。最少単位のまとまりの文書とはそれぞれの文書の性質、内容等により、事務上必要となるひとまとまりの文書である。一つの単位としてのまとまりであるから，一枚で最小単位となる場合もあり，十数枚で最小単位となる場合もある。したがって，一フォルダー内文書が一枚であっても差し支えない。

② 一フォルダー50枚程度が限度

フォルダーには，収納限度がある。文書量もそれを超えない配慮が必要である。また，一フォルダー内に大量な文書を入れると，今度は使用するときに目的の文書を探し出すのに苦労することになる。フォルダーを取り出して，目的の文書がすぐに見つからずフォルダー内で文書を探すというのでは，何のためにフォルダー化したのか分からない。フォルダー化するための文書量は，適切なものでなければならない。

③ 文書のまとめ方は，客観的に

文書のまとめ方が，担当職員の恣意的判断によると，後日その文書を探すのに支障を来す。例えば，5年保存の文書は，5年後に使う可能性があるということである。その頃は，文書を探す人は5年前と別人であることを充分念頭に置いておかなければならない。だから5年後の検索に耐えるまとめ方が必要である。

④ フォルダー内文書は一件ずつ綴じる

文書をフォルダーにファイルする場合は，一件ずつきちんと

第7章　文書整理の実際

図25－1　文書のフォルダー化

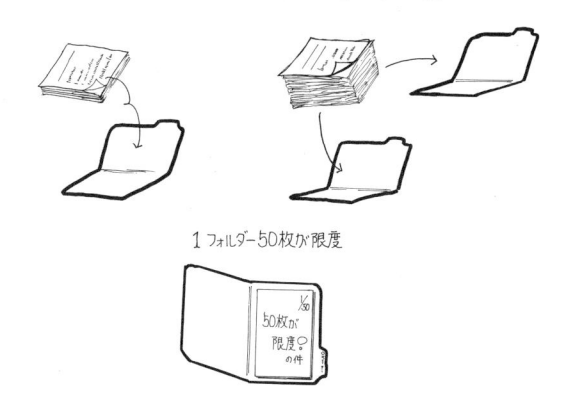

綴じる。新たな文書は既にファイルしてある文書の上に重ねていく。いちいち全体を綴じることはしない。新たにファイルする文書も，綴じなくてよいものは綴じない。

　文書は原則として左側を綴じる。縦書き文書だけを綴じる場合は，右側を綴じる。両者混合の場合は，左側の余白を綴じる。左側に余白のない場合は，縦書きの文書を裏返して左側を綴じる。

　最近，環境保全等の面から「文書の綴じ金具」が問題になっている。文書の廃棄時の焼却，再利用（溶解）にあたって支障となるからである。引き継ぎ時に，文書主管課が主務課に綴じ金具を取り外すよう指示している例もある。従来の習慣に流されず，綴じ金具は不要なものには使用しないよう注意するべきである。

第1部　ファイリングシステムの基本

図25－2　綴じ金具は使わない

⑤　大きな文書は，折ってファイル

　　フォルダーは，Ａ４判である。これより大きな文書は，折れるものは折ってファイルする。文書は，フォルダーに入れて管理するのが原則である。

　　国では，公文書のＡ判化を進めている。従来の様式にこだわらずファイリングシステムを契機にＡ判化を進めるべきである。

⑥　フォルダー化の時点

　　文書は，発生とともにフォルダー化する。しかしそれによりがたい場合がある。業務執行中の文書の分類と，業務執行後の文書の分類が異なる場合である。この場合には，業務執行後フォルダー化する。

【実例】・市民ドックにおける対象者名簿，検診記録関係文書

　　　　　　(その日の参加者を対象として文書を再整理する。)

　　　　・選挙関係文書

　　　　　　(各投票所に分けられた文書を，選挙後種類ごとにまとめる。)

〔「まとめる」「分ける」は同じこと〕

通常は，「まとめる」と「分ける」という言葉は，反対語として

使われている。しかし，ファイリングの文書分類に際しては同義語である。ここでは便宜上どちらかの言葉を使っているが，意味するところは同じである。

　例えば，ある分厚いバインダーに綴られた文書があるとする。これをばらして分類し，フォルダーにファイルするとする。その時，文書を一件一件同じ仲間に「まとめ」ていくが，このまとめる作業は，全体の文書から，異なった仲間に「分けて」いく作業ともいえる。このように「まとめる」「分ける」という言葉にかかずらうのは無意味である。

〔フォルダー化のための文書量によるまとめ方〕
(1)　文書の形態による分類
　フォルダー内文書は，通常50枚程度が平均値，とはいっても文書の形態等を勘案することが大切である。

　例えば，ここに会議の50頁にわたる議事録があるとする。この議事録を一フォルダーに入れるのに，何の問題もない。しかし，これが補助金申請書50件50枚の文書であったらどうか。これらを一フォルダーにファイルしたとしたら，そのうちのある申請書を探すとき，フォルダーを取り出しても，次にまた目的の補助金申請書を探さなければならない。フォルダー内の文書は，すぐ探せるようにしておかなければ，フォルダー化した意味がない。この場合は，もっと文書（補助金申請書）を細分化する必要がある。
(2)　分冊の工夫
　この文書は，500枚あるが分けられない。
　もしも，それが印鑑証明申請書であったら？　月ごとに分けると一月約40枚，一月毎にフォルダーを作るのに最適である。

第1部　ファイリングシステムの基本

　　ファイル名　→　印鑑証明申請書（4月分）……　一年12冊分のフォルダーを作る。
　　　・フォルダー内文書量は，毎月平均していなくとも全く問題なし。

この他，分冊の鍵は少なくない。

ある消防本部でのお話。

しきりなしにかかってくる119番通報。その記録が自動的に印字されて容器の箱にたまっていく。「月ごとに区分できませんか？月ごとでなくとも何らかの区分を」。その答え「出来ません。切れ目なくかかってくるのですから，あるところで区切れるというものではありません」。しかし不思議ですね。区切れない文書をどうやって，整理しているのでしょうね。何年分も一括収容できる文書箱も見あたらないし。

〔不発生文書のフォルダー化〕

文書はすべてフォルダーに入れて管理する。ということは存在しない文書のフォルダーを作ってはいけないということをも意味する。ファイル管理簿作成の趣旨からも文書がないフォルダーを作ってはいけない(注)。

しかし例外がある。戸籍事務等で見られる例であるが，当該文書発生の記録簿の調製を要するものがある。その年に文書発生の事実がない時でも，発生しなかった事実を記録する帳簿の調製が必要とされる。

このような場合，当該文書のフォルダーを作り，中に文書発生の無かった旨の文書を入れることとする。このやり方は，文書発生の有無，文書存在の有無に関するものであるから，乱用してはならな

第 7 章　文書整理の実際

い。情報公開上疑念を生じるような処理をしないよう充分注意しなければならない。

　次は文書不発生確認票の例である。

文書不発生確認票

文書名
ファイル名（フォルダーのタイトル）
所属年度
　上記文書は存在しない。
事由
　当該年度発生無し。
　　　年　　　月　　　日確認

　　　　　　　　　　　　　　　　　　　　年　3　月　31　日
　　　　　　　　ファイル担当者　　　　　　　　　　　　　　印
　　　　　　　　　　　　課長　　　　　　　　　　　　　　　印

　＊(注)　「6－3－1　ファイル管理簿の対象とする情報」「6－3－2　ファイル管理簿の作成方法とその様式」

7－2　文書所在カード

　ファイリングシステムでは，すべての文書をフォルダーにファイルすることを基本とする。フォルダーに入れられない文書はどうするのか。フォルダーに入れられないという理由で対象から除くわけにはいかない。それらの文書も当然対象文書とし，ファイル管理簿に登載しなければならない。フォルダー管理は，それを出来る利点を持っている。

文書所在カードの活用により、すべての文書をフォルダー化する。

7－2－1　文書所在カードの意義

すべての文書は、フォルダーにファイルすることを基本とする。しかし、これによりがたい文書がある。大きく分けて次の二つである。

① 物理的形状からいって、フォルダーに入らない文書
　　例としては、Ｂ４判・Ａ３判の文書、図面等。ただし折って入れられるものは、折って入れる。
② フォルダーに入れるのが不適当な文書
　　例として、数十冊に及ぶバインダー管理の台帳類。印鑑登録台帳のように従来からその文書のみの管理形態を持っていて、フォルダー化が不適当なもの。

これらの文書は、適宜他の保管用具で管理されることとなるが、これらを別管理とすると、文書の管理が二本立てとなる。管理が二本立てとなると現実の問題としてどちらつかずの文書が発生して、ファイリングシステムが崩壊する。ぜひとも二本立ては避けなければならない。

また一方では、ファイル管理簿は、実際のガイド、フォルダーの配列状態を写し取って作成するという前提がある。

この管理の二本立てを避けることと、ファイル管理簿の作成は、実際のフォルダーの配列の状態を写し取るという、二つの課題を「文書所在カード」の使用によって解決する。

フォルダー以外の他の用具で管理する文書についても、フォルダーを作りその中に文書所在カードを入れることとする。これによって、キャビネットで管理する文書も、他の用具で管理する文書も一

元的にファイリングシステムで管理することとなる。かくてファイリングシステムの対象文書のすべては、ファイル管理簿への正確な登載が可能になる。情報公開の情報目録にもこれで対応が出来るものである。

図26　文書所在カードの様式

```
            文書所在カード

                    課 係 名
                    作成年月日     年   月   日

 ファイル名（フォルダーのタイトル）


 文書名（ファイル名と異なる場合にのみ記入する）


 第1ガイド名

 第2ガイド名

 数量              枚、冊、束、箱

 上記文書は、下記に保管しています。

 □　保管庫、保管庫No.
 □　自課書庫、棚No.
 □　カウンターの下
 □　その他（明確に記入する）

 備考
```

7−2−2 文書所在カードの作り方

(1) 文書所在カード処理文書とフォルダー化

文書所在カードを作る文書には，次の二通りの場合が考えられる。

① 一つの文書を一単位として，一フォルダーにする場合。

　　一つの文書を一単位として，一フォルダーにする。したがってフォルダーの中にある文書は，当該文書のみである。

　この場合，当該文書の文書名と，ファイル名（フォルダーのタイトル）が一致する。

② 当該文書を他の文書と一緒に，一フォルダーにする場合。

　　当該文書を他の文書と一緒に，一フォルダーにする。当該文

図27　文書所在カードとファイル名

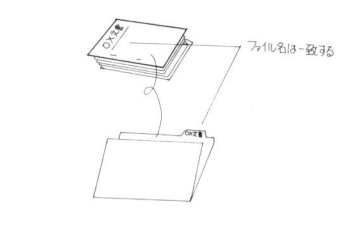

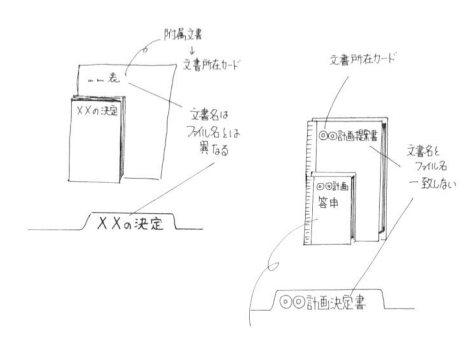

書が本体である場合もあるし，その附属文書である場合もある。当該文書はそのフォルダーを構成する文書の一部であるから，当該文書の文書名とファイル名が一致しない場合がある。すなわち，文書所在カード処理した文書の文書名が，ファイル名として，ファイル管理簿上に表れないので注意を要する。

当該文書が，単体で使用される可能性のあるときには，この方法は，避けなければならない。当該文書単体で一フォルダーとすべきである。

(2) 文書所在カード処理文書のまとめ方

文書所在カード処理する文書は，事務上必要となるひとまとまりの文書とすることが望ましい。次にその例をあげる。

その1

　○○年度普通徴収台帳　…バインダー5冊

　　→　一葉の文書所在カードとする。ファイル名「○○年度普通徴収台帳」

その2

　○○事業路線価図　…3冊

　　→　一葉の文書所在カードとする。ファイル名「○○事業路線価図」

悪い例　その1

　○○年度普通徴収台帳（バインダー5冊）と○○年度特別徴収台帳（3冊）の両台帳をあわせて，

　　→　1葉の文書所在カードとする。ファイル名「○○年度徴収台帳」

　　・個々のフォルダーが，文書の最小単位であるからいくつも

第1部　ファイリングシステムの基本

の異なった文書を，同一のフォルダーに入れてはいけない。

悪い例　その2

　各種都市計画縦覧図書をひとまとめにして，ファイル名は「各種都市計画縦覧図書」。

　何の縦覧図書か分からない。それぞれ決定時点も異なるし内容も異なるまったく別個の文書である（公園，道路，廃棄物処理施設……どの決定図書？）。

悪い例　その3

　〇〇課文書所在カード目録

　課全体の文書所在カード目録を作って，それを文書とし，ファイル名を「〇〇課文書所在カード目録」とする。

　文書所在カード処理文書の管理には役立つかも知れないが，どういう文書があるのかこれだけでは分からない。やはり個々の文書ごとにフォルダーを作り，文書所在カード処理するのが正しいやり方である。その上での目録作成であれば，立派なことである。

　悪い例は，いくつもの異なった文書を，同一のフォルダーに入れるため，それぞれの文書の文書名がファイル管理簿に表れないということである。したがって後日その文書を使用するにあたって，ファイル管理簿からは探し出せなくなるということである。

7－2－3　文書所在カードの取り扱い

　文書所在カード処理文書は，フォルダーとその中身の文書が離れて管理されているため，往々にして該当する文書が，どの文書か分からなくなったり，行方不明になったりする。このため文書所在カードの使用は，やむを得ない場合に限り，できるだけ避けるように

することが重要である。

　文書所在カード処理文書の「引き継ぎ」にあたって，保存箱への収納は出来る限りフォルダーとセットで行うようにする。これによりがたい場合には，当該文書の管理場所との問題が生じるので，文書主管課との協議が必要となる。

　役所においては，組織改正とか，事務室のレイアウトの変更とかがしばしば行われる。その際文書置き場が変更となることもしばしばである。この間の事情は，書庫においても同様である。文書所在カード処理文書の保存箱への収納が，フォルダーとセットで行えない場合は，上述の理由により，長期にわたる保存期間中に文書が行方不明になる危険が非常に高いということを，認識しておかなければならない。そして，その対策をあらかじめ立てておくべきであることも論をまたない。

7－3　文書の序列

　ファイリングシステムにおいては，課（文書の管理単位）における文書の序列を重視する。文書を組織的に管理しようとするのであるから当然である。

　文書の序列は，課において文書をどう位置づけるかの問題である。序列はまた，分類でもある。その実際は，ファイル管理簿で表され，文書のキャビネットへの収納整理もファイル管理簿できめられた序列にしたがって行われる。職員の配置，事務の繁閑，または文書の使用頻度等で決められる問題ではない。

　文書の序列は，次の三基準によって決めていく。

7−3−1 第1基準 組織規程・処務規程による

　課の文書は，組織規程および処務規程に沿った序列で配列する。全庁統一ファイル管理簿においても同様である。

7−3−2 第2基準 文書の内容による全庁統一的基準

　全庁統一的に課の文書の序列は，次のとおりとする。

　　　課の庶務的文書
　　　　↓
　　　課主務事務のうちで庶務的文書
　　　　↓
　　　課主務事務のうち本務文書
　　　　↓
　　　参考資料類

⑴　課の庶務的文書（全庁で共通的な文書）

　その課本来の業務ではない，全庁各課に共通する庶務的文書を指す。課本来の業務の庶務的文書とは，きちんと区分する。

　この事務範囲のおおよそは，庶務全般，文書管理，人事，給与，職員福利厚生，財務，会計，監査，議会等である。

　【実例】　庁内通知一般，文書受発簿，出勤記録，給与支払，職員
　　　　　共済組合，予算書，備品台帳，監査報告，議会開催通知，
　　　　　議会質問・答弁

⑵　課主務事務のうちで庶務的文書

　主務課が所管する事務に関する文書のうちの，庶務的文書である。

　　①　所管事務全般にわたる庶務的文書

【実例】 庶務，行事予定，担当者打ち合わせ記録，関係団体名簿
　② 所管事務全般にわたる総合計画，基本方針
【実例】 行財政健全化3ヵ年計画（財務課），生活道路緑化計画
　　　　（公園課），市民要望調査
　③ 所管事務にかかわる関係官庁，関係団体との文書
【実例】 関係官庁通知，関係機関関係者名簿
　④ 所管事務にかかわる法規，通達，要綱
【実例】 法改正，要綱策定
　⑤ 所管事務にかかわる事務手順等
【実例】 料金徴収入力マニュアル，国保被保険者認定事務

(3) 課主務事務のうち本務文書

課本来の所管事務に関する文書である。

【実例】 人事課 － 職員履歴，採用，配属，服務，研修
　　　　建設課 － 測量，工事委託，実施報告
　　　　福祉課 － 措置，施設入所，医療保護

(4) 参考資料

　事務の参考資料がこれにあたる。実務上の起案文書の附属資料や，企画書作成のための附属資料等は，ここでいう参考資料とははっきり区別すべきである。
　この参考資料類は，上記の各事務の関連ある文書と並べて配列することもよい。どちらをとるかは，実務上の利便を勘案してきめればよい。

【実例】 カタログ，単価表，他市町村作成資料，パンフレット，
　　　　交通機関料金表

7－3－3　一般的な文書のまとめ方

　実務対応型ファイリングシステムにおいては，統一的分類基準というようなものは作らない。課，係ごとにある一群の文書について使いやすさ，探しやすさを基準として，区分していきその最小単位の文書をフォルダー化する。次に，実際に利用できる文書のまとめ方の主なものをあげておく。

　その1　事務手順
　　①　全般から個別へ
　　　　防災基本計画　→　防災地区計画　→　自治会の協力
　　②　上位から下位へ
　　　　基本構想　→　基本計画　→　実施計画
　　③　通常から特別へ
　　　　通例行事　→　臨時行事　→　周年行事
　　④　業務の進行順
　　　　開発計画　→　権利者調査　→　土地買収
　　⑤　重要なものから軽易なものへ
　　　　重点施策　→　通常施策
　　⑥　あいうえお順，アルファベット順

　これらの事務手順においては，上記の逆の順もありうる。事務上の利便を勘案して良い方を選ぶこととなる。

　その2　文書のまとめ方のいろいろな項目
　　①　主題別
　　　　文書の主題によってまとめるものである。すなわち，「何が書かれている文書」なのかによってまとめるものである。
　　　【実例】・一般文書
　　②　一件別

設計，工事，契約等その事務の始めから終わりまでをひとまとめにして，一件とするものである。この文書は，とかく分厚くなりがちである。分厚いものは，分冊する工夫が必要である。分冊してあるものは，それぞれを一ファイルとする。分冊されているものを，一件にまとめ直すなどは論外である。

【実例】・建築設計書　・起工書　・契約書　・事故顛末書

③　組織順

文字通り，文書を組織順にしたがってまとめていく分類である。全庁にわたる事務を所管している総務課，職員課，財政課等に多く見られる文書である。

【実例】・人事記録　・給料表，予算見積表

④　地区別

対象文書を地区によってまとめる分類である。

【実例】・土地権利者台帳　・土地調書　・市民要望（第1ブロック）

⑤　個人別

個人ごとにファイルを作成する分類である。個人を対象とする行政サーヴィス等この種のものは，たくさんある。福祉事業の対象者，開発事業あるいは道路建設事業の関係権利者等の整理によく見られるものである。これらのファイルは，多くは「あいうえお　順，ＡＢＣ順」で並べられる。

【実例】・福祉施設入所者　・生活保護台帳　・土地権利者
　　　　・履歴書　・表彰台帳

⑥　形式別

通知，報告，月計実績等文書の形式によってまとめるものである。

【実例】・庁内通知　・月例報告　・日計表　・納品書
⑦　時系列
　　古いものから新しいものへ（新しいものから古いものへ）と，時間の経過順に並べていくものである。
【実例】・市広報　・お知らせ　・許可申請書　・開発計画変更届
⑧　受付順
　　受付順，申請順，許可順による文書の整理である。これはいわば時系列整理ともいえるものである。
【実例】・文書収受簿　・市民住宅入居申込み　・体育館利用許可証（控）
⑨　予算科目別
　　これも文字どおり，予算科目ごとに文書を整理するものである。財務，会計所管課や質量ともにおおきな事業予算を持っている課において見られるものである。
【実例】・予算関係諸文書　・契約書　・執行伺い　・会計諸帳簿
⑩　記号・番号
　　事務上あらかじめ付番されたものを，その記号・番号によって整理していくものである。したがって，⑧受付順の整理とは異なるものである。これは通常二段階整理となり，記号・番号を見ても目的の文書がわからないから，索引簿を必要とする場合が多い。
【実例】・被保険者台帳　・給水申込書（水栓番号順）

これらの分類項目は，実際はいろいろな組み合わせによって使用されている(注)。

上記の文書のまとめ方の項目について，注意すべきことがある。

まず①主題別であるが，主題別による文書のまとめは，当該文書の主題がなんであるかにつき，人によりその概念の判断が異なるということである。判断をした本人でさえ時の経過とともに主題の内容が変容することが珍しくない。出来るだけ正確に主題を客観的に表すことが大切である。

⑩記号・番号順では，第一段階の付番がしっかりしていないと，それを元にしたまとめ方も不安定で不正確になり，事務に支障をきたすこととなる。記号番号は，それ自体無意味な記号であり，他の項目と異なり本来の意味を類推できないから，この欠陥は致命的である。

次に，あるひとまとまりのグループ（第1または，第2ガイドの単位）に二つ以上の分類基準を使うと，分類が錯綜して混乱する。観念的には，起こりそうではないが実例は少なくない。

【実例】　第1ガイド　開発情報・相談
　　　　　第2ガイド　受付順・相談を受け付けた日付順にファイルを整理
　　　　　第2ガイド　地区別・目的の開発地の住民相談を含む要望等，また開発事業者の動向等の情報を，地区別にファイル。

ある特定の開発地区に関する情報・相談を，一定の基準もなく日付順と地区別に整理した例である。ある相談が日付で整理されているのか，地区別に整理されているのか分からない。担当者自身にも。両者の関連を示す目録等も一切なし。

事務担当者曰く「相談を受けたとき，よく片方の文書を忘れて困るんですよね。」（この逆もあり。）そりゃお困りになるでしょう。こ

の事例は、文書の分類上の問題であることは勿論、事務のあり方の問題でもある。

　＊(注)　「7－4　ガイドによるフォルダーのまとめ方」参照。

7－4　ガイドによるフォルダーのまとめ方

　ファイリングシステムでは、フォルダー群をガイドを使って探しやすい単位にまとめていく。第1ガイドは大分類に、第2ガイドは中分類に使用する。

　ファイリングシステムにおける分類とは、ガイドでそのフォルダー群を、大分類、中分類にまとめていくことにつきる。

　文書の分類というと、ある論理的な基準による分類体系を思い浮かべる。すなわち分類とは、文書の質とか種類を、何らかの基準によって論理的合理的に分けることを意味する。そこでは文書の量は関係がない。しかし、ファイリングにおいては、文書の量が分類上重要な意味を持っている。

　役所においては、毎日膨大な量の文書が発生している。あるものは年間数枚に過ぎないものから、毎日何百枚も発生するものまで多種多様である。これらの文書の分類にあたり、文書の量を考慮しない分類は実情を無視したものとなり無意味である。ファイリングにおける分類とは、文書の種類と量をいかに上手にさばくかということなのである。文書量を無視した分類は、かならず失敗する。

　実際の作業は、次のとおりである。

① まず、似たもの同士のフォルダーを10冊程度集めて、第2ガイドを立てて一グループにする。この際、一つのガイドに対してフォルダーの数が多すぎると、フォルダーを探しづらくなる。ガイドとフォルダーの数のバランスが大切である。

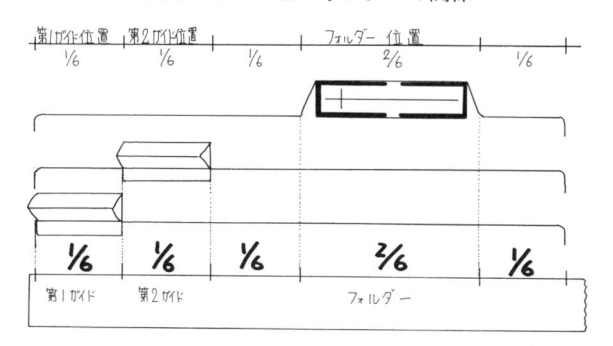

図28 ガイドとフォルダーの関係

② 次に、第2ガイドを10グループ程度集めて、第1ガイドを立てて大グループとする。この際も、第2ガイドの数が多すぎると、フォルダーを探しづらくなる。一方第2ガイドの数が多すぎると、ガイドの立て方がくどくなり、やはり使いづらくなる。このように、フォルダーの数と、第2ガイド（中分類）及び第1ガイド（大分類）のバランスをとることが大切である。

以上、フォルダーとガイドの関係を公式にすると、次のようになる。

文書分類の公式（フォルダーとガイドの関係）＝１G×10G×10F
・フォルダー10冊程度で中分類を作る。→第2ガイドを立てる。
・中分類のグループを10グループ程度まとめて、大分類とする。→第1ガイドを立てる。
・実際には、公式どおりにならないことも多いが、この公式は論理的な分類に劣らず実務の上では重要な役割を果たすので、ガイドを立てるときは常に念頭に置かなけならない。

ガイドにより、フォルダーをまとめていく作業では、「文書の並

第1部　ファイリングシステムの基本

図29　分類の公式

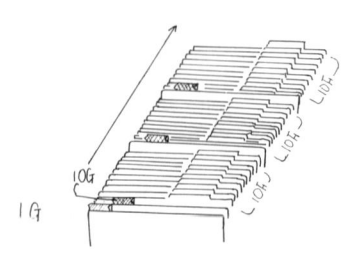

べ方」及び「文書の序列」に沿った形で全体をまとめていくこととなる。

　ファイリングシステムにおける分類は，第1ガイド，第2ガイドそしてフォルダーの三段階で行うが，段階ごとに分類の基準は異なるのが普通である。

【実例】

　　　　ガイド名　　　　フォルダー名　　　　　　　　分類の基準
　その1　契約書（契約課における分類）
　　第1ガイド　建設課　　　　　　　　　　　　　　組織別
　　第2ガイド　土木費　　　　　　　　　　　　　　予算科目別
　　　フォルダー　南町6番地先道路補修請負工事　　一件別
　　　　〃　　　　北町3番地先道路補修請負工事
　その2　道路位置指定（建設課における分類）
　　第1ガイド　中央町南地区　　　　　　　　　　　地区別
　　第2ガイド　05年度道路位置指定　　　　　　　　時系列（年度別）
　　　　〃　　　06年度道路位置指定
　　　フォルダー　05-01道路位置指定　法42-01　　記号・番号順
　　　　〃　　　　05-02道路位置指定　法42-02

第7章　文書整理の実際

　その3　市営住宅入居申込み
　　第1ガイド　平成15年市営住宅入居申込み　　時系列
　　　第2ガイド　入居申込み受付番号01～10　　記号番号，時系列
　　　　フォルダー　市営住宅入居申込　H15-01　受付順，記号番号
　　　　　〃　　　　市営住宅入居申込　H15-02

〔文書量による分類〕
　文書量が1フォルダーで足りれば，「〇〇文書」というフォルダーになるが，多量であれば各フォルダーに対応した形で分割・分類しなければならない。これがフォルダー化であり，ガイドによるフォルダーのまとめ方なのである。

　　　（多量な文書）　　　（分類の一例）
　　条例起案書（議案）　時系列
　　　　　　　　　　　　事項別・時系列
　　〇〇補助申請書　　　月別
　　　　　　　　　　　　申請受付番号別
　　　　　　　　　　　　地区別

第8章
ファイル作成の実際

8－1　ファイル名

　ファイリングシステムにおいては，すべての文書をフォルダーに入れてフォルダー単位で管理する。実際には，このフォルダーへ文書名としてのタイトルを記入する。このフォルダーのタイトルを「ファイル名」という。

　すべての文書が，このファイル名のもとにまとめられてフォルダーに入れられる。このファイル名の他に文書はなく，すべての文書はこのファイル名の文書となる。以上により，すべての文書が，このファイル名によって特定されることになるので，ファイル名の付け方は非常に重要である。

　作成する文書にあっては，起案の段階から正しく適切なファイル名を使用するよう心がけなければいけない。

　ファイル名の意義は次のとおりである。

①　文書の特定
②　ファイル管理簿の基本的構成要素
③　文書検索の索引項目

　ファイル名は，ファイル管理簿の主要な内容となるものである。その内容の表示は，正しく明確でなければならない。また，ファイル名は文書検索の唯一のキーワードである。ファイル名の命名に当たっては，充分な注意が必要である。ファイル管理簿を利用するの

図30　フォルダーのタイトルとファイル名

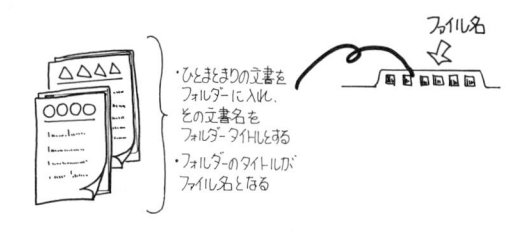

は，役所だけではなく，情報公開のもと広く一般市民までということを常に念頭におかなければならない。

　文書の検索の方法は，活用中の現在よりも時間の経過とともに重要度を増してゆく。ファイル名が検索の唯一の手がかりである。その記憶が事務担当者の異動や時間の経過とともに薄れていくのであるから，当然のことである。例えば，10年保存の文書にあっては，そのファイルは10年間の検索に耐えられるものでなくてはならない。このように，保存期間が長くなればなるほど，ファイル名の重要度は増していく。

　ファイル名は客観的でなければならない。ファイル管理簿が，文書目録であるからには当然のことである。よく「ファイル名は，課内の常識でよい」という意見を聞くが誤りである。ファイル名は，限られた世界だけに通用すればよいというものではない。広く情報公開の情報目録として公開されるものであり，よく整理されたファイル管理簿は，新任職員の事務への理解も助ける重要な資料である。ファイルの命名は，事務担当職員の恣意に任されてよいというものではない。

　ファイル名はまた，分類の機能を持っている。良いファイル名は良い分類であり，悪いファイル名は悪い分類である。

第1部 ファイリングシステムの基本

ファイルの命名については,これといった基準を見つけることは困難であるが,その注意事項を次にあげる。

(1) 自己完結ファイル名とする

ファイルはその発生から,活用そして廃棄に至るまで,それ自身単体で取り扱われる。したがって,ファイル名はそれに対応し単体での取り扱いに耐えうるものでなければならない。ファイル名以外の前提を排して,ファイル名のみで理解できるそれ自身で完結した名称(自己完結ファイル名)とする必要がある。こうしないと命名者以外の者には,どのような文書が入っているのか分からないファイルとなる。

ファイリングシステムでは,第1ガイド,第2ガイドを使ってフォルダーを分類するが,このガイド名を前提としてその部分を省略した命名もいけない。フォルダーの使用にあたっては,ガイドと共に使用するわけではない。また引き継ぎ後保存中のファイルは,所属年度・保存期間等によって区分された保存箱に収納されているものであり,ガイドによる分類で整理されているわけではないからである。

【実例】

		(第1ガイド)	(第2ガイド)	(ファイル名)
①	悪い例	市道拡幅用地買収	土地権利者	小島雅恵
	良い例	市道拡幅用地買収	土地権利者	小島雅恵（市道拡幅用地買収土地権利者）
②	悪い例	市民まつり	関係機関打合せ	道路占用許可
	良い例	市民まつり	関係機関打合せ	市民まつり道

		市民まつり	関係機関打合せ	路占用許可 道路占用許可 (市民まつり)
③	悪い例	商工振興	補助事業	補助金申請
	良い例	商工振興	第3次補助事業	商工振興第3次補助金申請

(2) 正しく明確に

ファイル名は，正しく明確に表示する。

一件の文書を一フォルダーに入れる場合には，その文書の表題を表示すれば「正しく明確」なファイル名となる。しかし，実際にはこのような例は少ないであろう。多くの場合は，数種類の文書を一フォルダーに入れるので，その数種類の文書をまとめた適切なファイル名を付けなければならないことが問題なのである。

しかし実状は，「契約について」とか「介護保険について」といったきわめて大雑把なファイル名が実に多い。ファイル名は内容を的確に表現したものでなければならない。

① 省略はしない

できる限り省略せず，正確なファイル名とする。省略は，事務担当者の恣意的命名になりやすい。また，元の言葉を知らないと分からない。

【悪い実例】

　　地下7　　正しくは「地下鉄7号線」

　　ＴＴ　　　正しくは「TEAM TEACHING」

　　ＡＶ　　　正しくは「ADULT VIDEO」（青少年不健全図書関係）
　　　　　　　または「AUDIO − VISUAL」（視聴覚教材関係）

第1部　ファイリングシステムの基本

　・このように異なった意味が二つ以上ある言葉については，命名者以外には分かりようがない。
　㊩　正しくは，「就労中被保険者特例」（国民健康保険）
　㊝　正しくは，「入院入所中被保険者特例」（国民健康保険）
②　はっきりと
あいまいなファイル名，漠然としたファイル名にしない。
【悪い実例】
　　資　　料　→　漠然としていて，何のどんな資料か分からない。後日文書を探す場合は，あるテーマに関して探すのであるから，このようなファイル名から目的の文書を探し出すのは絶望的である。
　　決裁文書　→　あいまいな分類，かつあいまいな命名。決裁文書とその主題との分類間で迷うこととなる。例えば，「国際交流協会の設立について（決裁）」といった場合，決裁文書の分類に従うのか，国際交流の分類に従うのか混乱する。
　　その1，その2　→　どちらに目的の文書が入っているのか分からない。両ファイルを開けて確認しなければならない。
　　　　　　　　　　その1，その2のみのファイル名は不可，次の例のようにファイルの内容が分かれば何の問題もない。
　　　　　　　　　　東区公民館設計書　その1（基本設計）
　　　　　　　　　　東区公民館設計書　その2（電気設備）
　　　　　　　　　　×　研修室使用申込書その1，研修室使用申込書その2

　　　　　○　研修室使用申込書（4月〜9月），研修室
　　　　　　使用申込書（10月〜3月）
　そ の 他　→　論外。しかし，この種のファイル名にはしばし
　　　　　　ばお目にかかる。
③　より具体的に
「環境問題」とするよりは，「水質汚濁」「リサイクル」「乱開発」
とするほうがわかりやすく，より分類が進んだことになる。
④　同種の文書でも区分する
　改訂を積み重ねる計画類，シリーズもの，マニュアル等は，同種
の文書であってもきちんと区分をする。
【悪い例】　　　　　　→　【良い例】
　基本計画　　　　　　　第三次基本計画（15・5・10改訂）
　〇〇市の教育　　　　　平成15年度　〇〇市の教育
　会計事務マニュアル　　会計事務マニュアル（15・4・1改訂）
⑤　略語は補正が必要
　熟した略語の使用はよいとしても，その補正は必要である。新聞，
テレビニュースで　の実例は多い。
【実例】
　ＡＥＴ　　→　英語指導助手　assistant english teacher
　ＡＩＤＳ　→　後天性免疫不全症候群　acquired immune-
　　　　　　　　deficiency syndrome
　ＮＧＯ→　　非政府間機構　nongovernmental organization
　　・外国語の略語の場合は，日本語による補正が適当であろう。
　動燃　　　→　動力炉・核燃料開発事業団
　日銀短観　→　企業短期経済観測調査
⑥　文章のファイル名は避ける

説明会で出たいろいろな意見をまとめたもの　→　説明会住民意見のまとめ

⑦　簡潔に，意味のない言葉は使わない

簡潔なファイル名とする。簡潔にまとめることと省略しない事とは矛盾しない。無意味な言葉は使わない。

環境改善補助事業関係文書綴り　→　環境改善補助事業
・「関係文書綴り」はいらない。

(3)　文書の性質，形式よりも，その主題や内容がより重要

ファイル名は，どのような内容の文書がファイルされているかを表示するものである。通知といった形式よりも何の文書であるかが重要である。ファイル名は，よくこの文書の形式で表示されることがあるが注意しなければならない。

①　文書の主題が優先する。

通知　→　用地買収説明会開催通知

調査　→　リサイクル住民意識調査

・開催通知や意識調査では，何の文書であるかわからない。
この他これに類する悪い例として，「報告」「申請」「照会・回答」のみのファイル名

②　会議録にはきちんと会議名を入れる

「会議録」のみのファイル名もよく見かける悪いファイル名の一つである。その課において会議録といえばこの会議しかないから，誰でも分かるという主張である。

実際にその会議録を見ても内容がすぐ分かるわけではないし，その課において他に会議が皆無であるとはとても思えない。そして保存にまわってから5年後10年後に「会議録」のみのファイル名で何

の文書か分かるはずがないのである。
　③　原因より結果のファイル名とする
　例えば，照会と回答のファイルにあって，照会をファイル名にした場合，回答を含むのか，含まないのか分からない。結果を含む文書である場合には，必ず結果をファイルに明記する。

【悪い例】　　　　　　→【良い例】
　情報公開制度の実施(照会)　　情報公開制度の実施(照会・回答)
　官民境界確定申請書　　　　　官民境界確定申請書・決定書
　旅費支給電算入力表　　　　　旅費支給電算入力表・支給表

(4)　法規等にもとづく事務文書のファイル名
①　法規等にもとづく事務文書のファイル名は，その法規の見出しを使用するとよい。法規の見出しを使用するのは，文書を特定するという意味では優れている。他の文書が入ってこない明確な分類だからである。

【実例】
　不正利得の徴収（国民健康保険法65条）
　公共施設の管理者の同意等（都市計画法32条）

②　条数のみのファイル名（33条）はいけない。必ず法規名を表示する。わが課が関係あるのはこの法律のみなので条数のみで充分である，という主張である。
　はたしてそうか。施行令，省令がある。行政処分が伴えば行政不服審査法がある。何よりも第三者には分からない。人事異動や長期の保存を経て何の文書か分からなくなる。

【悪い例】　→　【良い例】
　53条　　　　　都市計画法53条（建築許可）

第1部　ファイリングシステムの基本

　　24条　　　　　　　　生活保護法24条（保護の開始・変更）

(5)　ファイル名としての年度表示

　ファイル名には，通常年度表示はしない。フォルダーラベルに年度表示欄を別に設けてあるからである。

　平成16年度の研修室使用申請書のファイル名は，通常「研修室使用申請書」とする。ただし，次の場合は年度をファイル名に入れないと，他のファイルと間違いやすいので，入れることとする。

　①　文書の発生年度と，その文書の主たる内容の年度が異なっている場合。

　予算書を例にとると，予算書は通常前年度に作成する。平成16年度の当初予算は，平成15年度に作成し，所定の事務手続き後議会の議決を経て成立する。したがって，一連の平成16年度当初予算関連文書は平成15年度文書である。決算関係文書は，予算書とは逆の文書であり，平成15年度の決算書が平成16年度の文書となる。同様な文書は，多数存在する。

　②　調査とその報告書

　ある調査を行って，その報告書を次年度以降に発表する場合がある。大規模な調査では，国勢調査，幹線交通量調査等がこれに当たる。

　平成15年度に行った市民意識調査の報告書をまとめて，平成16年

　　　　図31－1　ファイル名としての年度表示（その1）

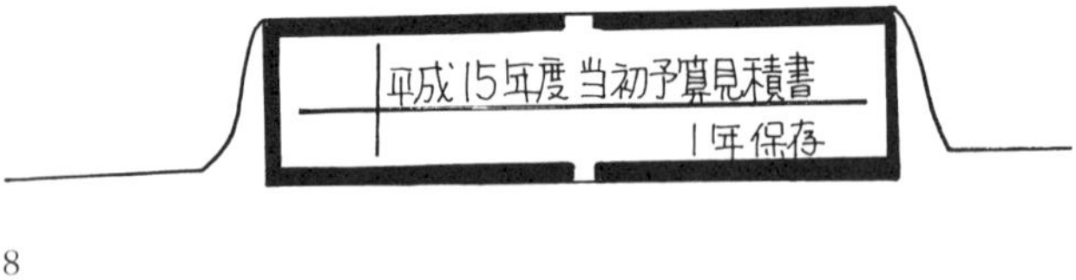

第8章 ファイル作成の実際

度に発表した場合は,「平成15年度実施市民意識調査報告書」(平成16年度文書)である。この場合報告書の元になった,個々の調査票は平成15年度文書である。

③ 同種の継続文書が,毎年度発生する場合

例えば,商工振興資金の貸付が毎年度行われ,何ヵ年間にわたって償還していく場合の文書で「商工振興資金貸付台帳」といったものを想定する。ある年度に貸付が行われ以下年度ごとの償還状況を記録していくものとする。この場合,毎年度貸付が行われれば,それに伴い同種の文書が毎年度発生するので,ファイルに年度を入れて他年度のファイルと区別するのである。

他の例をあげれば,奨学金貸付などもこれにあたる。

④ 年度をまたいだ継続的文書

年度をまたいだ内容が一文書を形成するもの。例えば,数年度にわたる調査ものの文書がこれにあたる。あるいは,毎年度の継続的記録を必要とし,それが年度区分できない一文書を形成するもの。これらはファイルの内容を示す年度表示である。

【実例】

　　ファイル名　尾の川水質汚濁追跡調査（平成16年～20年）
　　　　　　　　アトピー性皮膚炎児童健康管理表（平成15年度～20年度）

　　図31－2　ファイル名としての年度表示（その2）

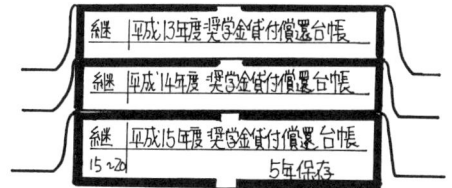

⑤　年度表示をすることによって，他のファイルとの区分が明確になる場合。

(6)　「わが課の常識」の誤り

次は実例である。事務担当者曰く「これはわが課では誰でも分かる文書名である。市職員の常識である。」

　　親　　正しくは「ひとり親家庭等医療費助成」
　　心　　正しくは「心身障害者医療費助成」
　　経審　正しくは「経営審査事項」（建設業法27条2項）

以上は，いわゆる業界用語で一般の人には分からない。市職員でさえどうか。ある限られた条件下，すなわち○○課事務担当者限りしか通用しないファイル名である。

情報公開のもと，許されるファイル名ではあるまい。このケースにはまだ問題がある。行政施策とそれに伴う行政事務は常に動いている。正しく施策名を表示しておかなければ，後日の施策変更あるいは施策廃止にさいし，目的の文書を探し出せないことになる。

8－2　フォルダーラベルへの記入事項

ファイルはそれ自身単体として取り扱われる。ファイルたるフォルダーへは，ファイルに必要なファイル名その他の事項を記入する。

この記入事項は，文書管理上の必要にして最小限度の重要事項とする。この記入事項のみで，文書の発生から廃棄に至るライフサイクルを管理する。記入のきまりが守られていないフォルダーは，ファイル管理に支障を来すこととなるので注意を要する。

事務担当職員が，恣意的なメモを記入することは厳禁である。「重要」「極秘」等の表示をしたり，あるいは赤線を引いたりしては

第8章　ファイル作成の実際

ならない。ファイル管理は，全庁で決められた統一した規則で行うべきものである。事務担当職員の表示は，その人限りのものであり他の職員にはその意味が分からない。例えば「極秘」文書であっても，契約の予定価格などは，契約が締結された後は通常秘密でもなんでもない文書となる。きめられた記入事項以外の記入は厳禁である。

　手書きによる場合の筆記用具は，「黒色」のペンまたはボールペンとする。記入事項は，所定のフォルダーラベルへ行い，フォルダーラベルをフォルダーへ貼付する。フォルダーラベルは，市販のものを使用することになろうが，図32のような上下二段組を使用するのが便利である。

　記入事項および記入場所は次のとおりである。

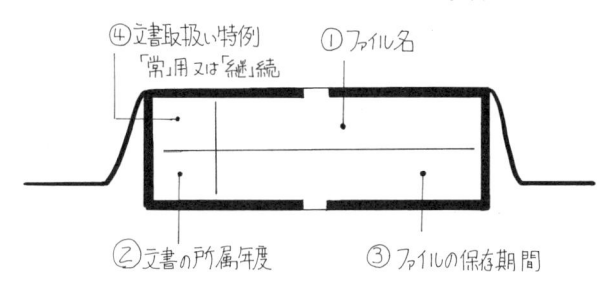

図32　フォルダーラベルの記入事項

（手書き図：フォルダーラベルの略図）
④文書取扱い特例「常」用又は「継」続
①ファイル名
②文書の所属年度
③ファイルの保存期間

①　ファイル名
ファイル名は正確に。
②　ファイルの所属年度
単年度文書にあっては発生年度を記入する。

継続文書および常用文書にあっては,「発生年度」と「継続および常用の終わりの年度」を記入する。両者とも最終的な所属年度は,それぞれの終わりの年度である。15～20の場合,20年度が所属年度となる。

③　ファイルの保存期間

文書の保存期間は,すべてファイルごとの保存期間に従う。ここに記入する保存期間は,文書管理規程上の種別における保存期間を記入する。

　　例　第1種　1年保存
　　　　第2種　3年保存
　　　　第3種　5年保存
　　　　第4種　10年保存
　　　　第5種　永年保存

この場合4年保存文書は,第3種5年保存となる。

④　ファイル取り扱いの特例

継続文書にあっては「継」,常用文書にあっては「常」を記入する。通常は,空欄である。

記入場所は正確に,所定事項以外の記入は,厳禁である。

8－3　フォルダーラベルの記入例

(1)　通常のもの

①　ごく一般的なファイル名

　例1

	ファイリングシステム
15	1年保存

② 長いファイル名
　例2

	スラグ有効利用敷地内試験舗装判定
15	結果公表（15・10・1）　　　　　1年保存

③ 同種文書との区分
　例3－1

	第一次基本計画（H10策定）
10	永年保存

　例3－2

	第二次基本計画
15	（H15・6・15）　　　　　　　　永年保存

　第一次計画と，第二次計画とは，別個の文書である。ファイル名に計画の策定時点を入れることにより，文書の内容を明確にすると共に，同種他の文書と区分し当該文書を特定する。

④ 自己完結ファイル名
　例4

	足柄区画整理移転補償費　　坂田金時
15	年保存

　第1ガイド，第2ガイドのタイトルにかかわらず，ファイル名は，それ自身単体で文書の内容が分かるものにする。

　ファイルは，通常単体で使用される。また，引き継ぎ後の保存にあっては，年度別，保存期間別に保存箱に収納されガイドで区分さ

れていない。

役所の文書管理においては，個人ごとにファイルが作られる例は多い。対象者の名前だけのファイル名はいけない。

⑤　年間文書が多いので分冊した場合

例5－1

	視聴覚研修室　使用申込書
15	（4月～9月）　　　　　　　　　　　　　年保存

例5－2

	視聴覚研修室　使用申込書
15	（10月～3月）　　　　　　　　　　　　　年保存

(2)　継続文書

①　継続文書の記入事項

継続文書にあっては，継続期間の初年度と最終年度を記入する。最終年度が未定のものは，空欄としておく。継続期間中は，現年度扱いの文書となる。保存期間の起点は，継続終了年度の翌年度4月1日である。

例6

継	水立土地区画整理　権利者台帳
10～	年保存

②　継続文書とファイル名

変更を生ずるファイル名を付けてはいけない。一度つけたファイル名の変更は不可。継続文書にあっては特に注意する。

【悪い例】

例7－1

継	指導要録　山川　太郎
15～20　1年3組	20年保存

・クラス名は，年ごとに変わっていく。

　このファイルは，在学中（6年間）継続文書とし，卒業後20年間保存するというものである。

【良い例】

例7－2

継	指導要録　山川　太郎
15～20　平成15年度入学	20年保存

例7－3

	出席表　友野　朋音
15	さくら組　　　　　　　　　　5年保存

・出席表は単年度文書であるからクラス名でもよい。

(3)　常用文書

保存期間の起点は，常用終了年度の翌年度4月1日である。

例8

常	公印台帳
5	年保存

第1部　ファイリングシステムの基本

例9

常	市道6号線都市計画決定図
10	（H10．6．1告示）　　　　　　　　　年保存

例10

常	水道施設153号行政財産使用許可
5〜25	（H5．4．1．許可）　　　　　　　5年保存

例10は，行政財産使用許可の場合の一例である。20年に及ぶ使用許可期間中を常用文書とし，許可期間が満了してから5年間保存しようとするものである。

(4) 暦年文書

ファイリングシステムは，年度で行うので暦年文書は通常継続文書とする。

例11

継	平成15年原因別火災発生件数調書
14〜15	年保存

例12

継	平成16年　年次休暇簿
15〜16	年保存

第8章 ファイル作成の実際

(5) ファイル名に年度を記入するもの

① 予算書,決算書,調査報告書

例13-1

	平成16年度　当初予算見積書
15	年保存

例13-2

	市民環境意識調査報告書
16	（H15年9月実施）　　　　　　　　年保存

② 毎年度同種類継続文書の発生

例14

継	平成10年度　奨学金貸与台帳
10〜	年保存

(6) ファイル名で注意を要するもの

① 省略せず,正確なファイル名とする

例15-1

	ひとり親家庭等医療費助成
15	年保存

例15-2

	ＡＶ（視聴覚教材目録）
16	年保存

第1部　ファイリングシステムの基本

② あいまいなファイル名，漠然としたファイル名にしない

【悪い例】

例16－1

道路標識工事　その1	
15	年保存

【良い例】

例16－2

東区公民館建設設計書　その1	
16	(基本設計)　　　　　　　　　　　年保存

例16－3

東区公民館建設設計書　その2	
16	(外構工事)　　　　　　　　　　　年保存

③ 略語は補正する。

例17

ＡＥＴ（英語指導助手）	
16	年保存

例18

ＴＴ（TEAM TEACHING）	
16	年保存

④ 文書の形式よりも主題や内容を表示する。

　例19

	介護制度説明会開催通知
16	年保存

　例20

	リサイクル住民意識調査
16	年保存

⑤ 原因より結果，インプットよりアウトプットを表すファイル名とする。

　　境界確定申請及び決定書の整理にあたって

【悪い例】

　例21－1

	官民境界確定申請書
16	年保存

【良い例】

　例21－2

	官民境界確定申請書・決定書
16	年保存

⑥　法規名を記入する。
　　例22

	都市計画法53条（建築許可）
16	年保存

⑦　法律の見出しを使う。
　　例23

	不正利得の徴収（国保法65条）
16	年保存

(7)　過去数年の文書が一文書をなす場合。
　　例24

	城山植生経年変化調査報告書
16	（H11～15）　　　　　　　　　　年保存

8－4　ガイドによる分類とフォルダーの色区分

　ガイド及びフォルダーを，それぞれガイドラベル及びフォルダーラベルで色分けをする。色分けの目的は，他の第2ガイドグループと色分けすることによりミスファイルを防ぐことである。色それ自身に意味を持たせてはならない。分類は，固定的なものではないし，数色で膨大な文書を区分することなどできない。

(1)　第2ガイドの色を決める
　第2ガイドの色を，順序を決めて5色に色区分する。市販されて

第8章　ファイル作成の実際

いるラベルは，5～8色である。各社，デザインや色の順序等が異なるので，購入前によく検討し，混用は避けるようにする。色の順序は，購入した商品の包装順に従って決めるのが実際的である。色の数は，多ければ良いというものでもなく5色程度が適当であろう。

(2)　フォルダーの色を決める

　フォルダーは，第2ガイドのグループごとに，第2ガイドと同色とする。

　第1ガイドの色は，すべて白色とする。

(3)　分類を変更する場合の色区分

　第2ガイドによる分類を変更する場合は，色の順序が乱れるが，

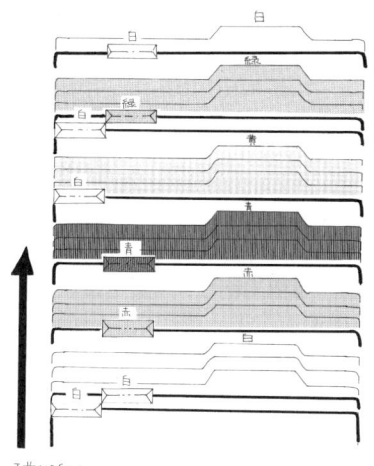

図33　第2ガイドグループの色区分

手前から奥へ
(ファイルボックスの場合は，向かって左から右へ)

131

それはそれでよいものとする。ただし，同色の第2ガイドのグループが続かないようにする。

例

第2ガイド	色	→変更	→新	色
自治会	白		自治会	白
商工振興協議会	赤		商工振興協議会	赤
文化振興会	青		文化振興会	青
体育振興会	黄		国際交流推進協議会	白
			体育振興会	黄

8－5 ファイルの扱い方

(1) ファイルする文書の取り扱い

① フォルダーは，開いたとき右側にフォルダーの山がくるように使う。横組み左綴じの本の表紙を想定するとよい。文書は，フォルダーの右部分にファイルし，新たな文書が上になるようにファイルしていく。

② ファイル内の文書は，一括して綴じない。

　ひとまとまりの文書，例えば「一回の会議録」や「数枚の通知」といったものは，きちんと綴じなければならないが，フォルダー内文書を一括して綴じるようなことはしない。

　綴じる用具については，虫ピン，ゼムクリップ等は，避ける。文書を傷めたりすぐにはずれて他の文書と混同したりする。また，大きな金具類を使用すると，フォルダーの表面が凸凹になり他のフォルダーと摩擦して使いづらくなる。

　最近では，環境保全の観点から綴じ用具としての金具類厳禁の自治体も増えてきている。活用中の文書についての使用は別

第8章 ファイル作成の実際

図34−1　ファイルの仕方（その1）

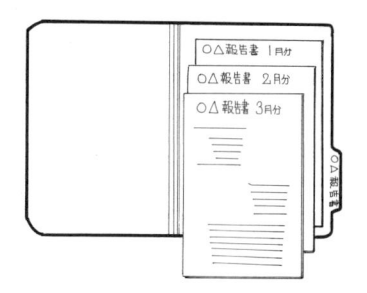

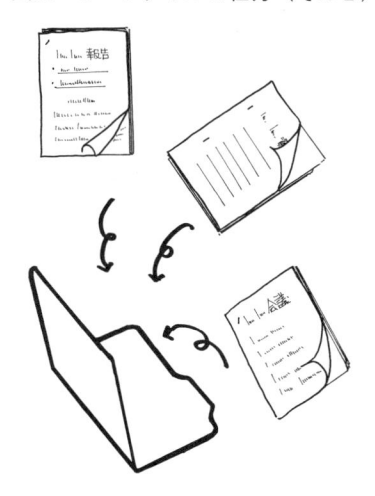

図34−2　ファイルの仕方（その2）

第1部　ファイリングシステムの基本

図34－3　ファイルの仕方（その3）

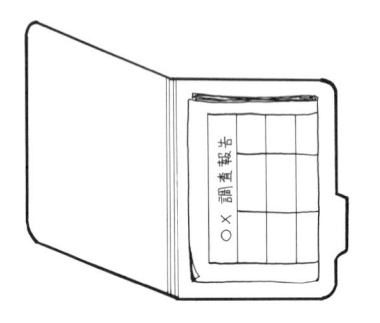

図34－4　ファイルの仕方（その4）

OK!

No!!

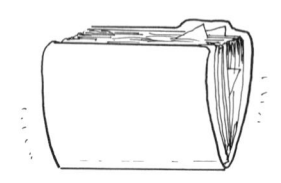

として，保存箱に収納する段階で金具類を取り外している。文書の廃棄にあたって，焼却またはリサイクルに障害になるというのがその理由である。やはり文書を綴じることは，できるだけ避けた方が賢明のようである。
③　フォルダーに入らない大きな文書は，支障がない限り折ってファイルする。この場合文書の件名が分かるように折る。習慣的に行われている印刷面を内側にして折るやり方は，文書を探すときファイルを開き，文書をまた開いて確認しなければならず二度手間である。
④　フォルダーにファイルする文書は，50枚程度を限度とする。あまり入れすぎると，フォルダーを取り出してフォルダーの中の文書をまた探さなければならなくなる。文書は，フォルダーを開いてすぐに取り出せるようでなければならない。また文書の入れすぎは，フォルダーからはみ出したりフォルダー全体の整理にも悪影響を及ぼすので注意すべきである。

　　入れようとする文書が多い場合は，分冊の工夫が必要である。

(2)　フォルダー等の取り扱い
①　フォルダーは，キャビネットあるいはファイルボックス内で常に立った状態にして保管する。立てかけた状態にしておくと，フォルダーが湾曲して非常に使いづらいものになる。
②　必要な文書を取り出すときは，キャビネットからフォルダーごと取り出して使用する。キャビネット内フォルダーから，目的の文書のみを取り出すのはよくない。
③　キャビネットから取り出したフォルダーを元に戻すときは，第2ガイドのすぐ後ろに戻すこととする。こうすると，利用頻

第1部　ファイリングシステムの基本

図35　キャビネット内のフォルダー

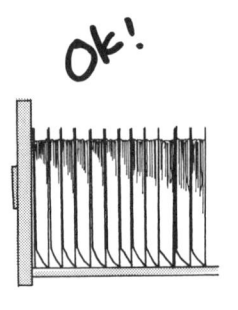

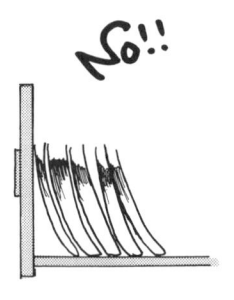

度の高いフォルダーほど，ガイドの近くにあって探しやすくなる。

　通常の使用にあっては，同一ガイド内のフォルダーの並びは，順不同とする。フォルダーに順序を付けると，探しやすい反面，常にそのフォルダーの順序を維持しなければならない。順序が守られないとかえって使いづらいものになる。多人数で使用する場合は，この順序維持がかなり困難なのである。不心得者が必ず一人ぐらいはいるからである。

第8章　ファイル作成の実際

図36　フォルダーの戻し方

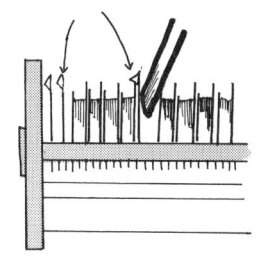

図37　フォルダーの不思議な機能

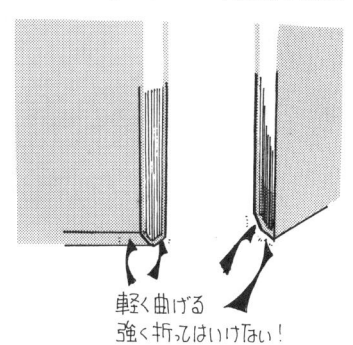

第9章
ファイル管理の実際

　この章では，ファイルの保管と「文書の流れ」の実際の作業を中心に述べていく。

　「文書の流れ」の記述は，年度末に行う作業のいわばマニュアルである。

9−1　ファイルの収納

　ファイルは，キャビネットに収納して，課（ファイル管理単位）ごとに一カ所に集中して管理する。ファイル管理単位による組織的

図38−1　ファイルの収納（その1）　キャビネットの配列

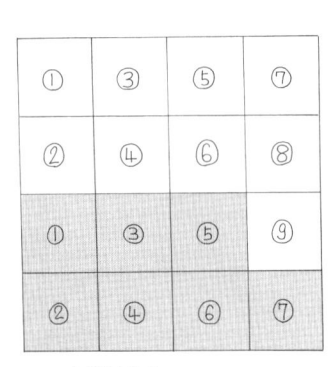

□部分は現年度文書
▨部分は前年度文書

4段キャビネット　　3段キャビネット

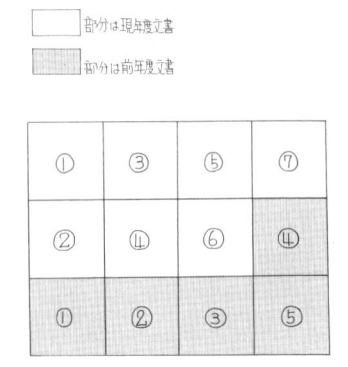

文書管理の考え方から集中管理は，当然のことである。事務室の実情から，これにより難い場合でも，この趣旨は守らなければならない。

　ファイルは，課におけるファイルの序列にしたがって収納していく。すなわちファイル管理簿の順に従って収納することとする。この順序は，事務担当者の机の配置や，事務の繁閑等で決めてはならない。机の配置や事務の繁閑等は流動的で不安定であり，これに文書の分類や用具の使用が影響を受けると，事務担当者の恣意的な管

　　図38－2　ファイルの収納（その2）　ファイルボックスの配列

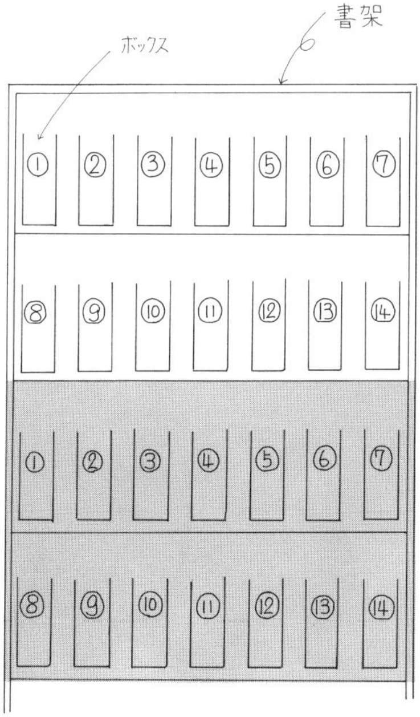

理が行われファイリングシステムが崩壊する。ファイルの序列を守ることは，維持管理上の重要事項である。

　キャビネットは，向かって左から右へ並べる。次にキャビネットの序列にしたがって，引き出し番号を付けていく。番号は上から下へ付番する。現年度ファイル用と，前年度ファイル用の引き出しは，それぞれ区分して別々に付番する。

　基本的には，上段を現年度ファイル用，下段を前年度ファイル用とするが，両年度のファイル量を按分して相互に融通し合いながら使用する。この引き出しの両年度の調整は，最後のキャビネットで行うこととする。

　ファイルボックスを使用する場合，基本事項はキャビネットと同様である。

　ボックスに課単位で一連の通し番号を付し，左から右へ順次並べる。

9－2　秘密文書の取り扱い

　秘密文書の取り扱いは，一般文書と同様に分類，フォルダー化を行いガイドを立てて整理する。秘密文書などという分類をしてはいけない。ファイル管理簿への登載も一般文書と異なるところはない。その文書の秘密性の保持は，物理的に他人の目にふれさせないことによって行う。

　ここに「懲戒関係文書」があるとする。この文書も一般文書と同様フォルダー化してガイド化し，文書分類上の位置づけを行いファイル管理簿に登載する[注]。そしてその文書を金庫等に保管し秘密性を担保する。

　例えば，「秘密文書と指定された文書は，他の文書と区分して，

施錠できる金庫，ロッカー等に厳重に保管しておかなければならない」（東京都文書管理規則第63条第3項）という規則において，「他の文書と区分して」の区分を物理的な隔離と解して，その秘匿性を確保しようとするものである。

また，「秘密文書に対し公文書開示の請求があり，情報公開条例第7条又は第9条の規定に基づき開示の決定があったときは，当該秘密文書の指定は解除される」（同第60条第1項）という規則がある。

「当該秘密文書の指定は解除される」とある。指定を解除された文書の管理はどのようにして行うのか。この場合，その文書が一般文書と同様に整理されファイル管理簿に登載されていれば，従前となんら異なるところがない。同様に秘密文書といっても，「入札予定価格」のように秘密性に期限のあるものもある。一般文書に変わった時，従前と管理の様態が変わったのでは事務が混乱する。秘密文書などという領域を設けてはいけない。

　＊（注）　「6－3－2　ファイル管理簿の対象とする情報」参照。

9－3　文書の流れ

ここでは，ファイルの流れ重点5項目の実際の作業について説明する。この文書の流れの確保こそが，ファイル管理の死命を制する重要事項である。

9－3－1　活　　用

発生した文書は，フォルダーにファイルしそのフォルダーはキャビネットに収納する。文書の使用は，キャビネットから当該文書のフォルダーを取り出して行う。私的な管理は許されない。

キャビネットに収納するフォルダーは，現年度文書と前年度文書

のみとし上段に現年度，下段に前年度を収納する。前々年度以前のファイルは，書庫で保存することとし，事務室内には置かない。継続文書及び常用文書は，現年度扱いでキャビネット上段に収納して活用する。

通常のキャビネットの使用は，4段引き出しにあっては上下2段ずつ，3段引き出しにあっては上2段を現年度，下1段を前年度として使用する。

ファイルのキャビネットへの配分は，ファイルの量によって行う。係ごとあるいは職員ごとに配分してはならない。こちらの引き出しはガラガラ，あちらの引き出しはギュウギュウなどということが起こらないようにする。

ヴァーティカルキャビネットにあっては，ガイド，フォルダーは手前から奥へ並べていく。ラテラルキャビネットにあっては，向かって左から右へ並べる。この原則をないがしろにしてはいけない。引き出しラベルには，第1ガイドのタイトルを記入することとする。必要があれば，その他適宜第2ガイドのタイトルを記入するもよい。引き出しラベルは，現年度用には，白地のラベル，前年度用には青地のラベルというように色分けをすると使いよい。

9－3－2　移し換え

移し換え作業は，年度末に行う。各年度を区切りに行うファイル管理において，年度替わりはその結節点である。廃棄に向けたファイルの流れを作るのはこの時である。

移し換え作業は，日を決めて課全体で行うことが望ましい。事務担当者一人一人が自分の担当する文書を責任を持って確認する。文書取扱主任といった文書管理担当者に作業を押しつけてはいけない。

次に作業手順を述べる。

(1) ファイル管理簿の調製

移し換えの前にファイル管理簿を調製する。ファイル管理簿調製基準点は，3月31日である。ファイル管理簿の調製は，必ず移し換え前に行う。移し換え後では正しいものができないので充分注意する。

ファイル管理簿調製の前に次の点検を行う。

当該年度のファイルを整理する（ファイル単体の整理）。

① 分厚いファイルは分冊する。
② ミスファイルを点検する。
③ メモあるいは重複文書等，不要なものは廃棄する。
④ 年度区分。他年度の文書が紛れ込んでいないか。
⑤ 保存期間は適切か。
⑥ 取り扱いの特例。継続，常用の扱いは適切か。
⑦ フォルダー内文書と，ファイル名は対応しているか。

ファイル管理全体の基本事項の点検，確認

① 課におけるファイルの序列。
② ガイドによる分類。変更等必要なものは，変更する。

以上の点検を終えた後の具体的な作業は，キャビネットに収納してあるそのままの状態で，第1ガイド名，第2ガイド名，ファイル名を一つ一つ写し取っていく。

(2) 移し換え作業

キャビネット上段の引き出しに収納されている現年度ファイルを，ガイドと共に下段の引き出しに移し換える。継続ファイル及び常用

ファイルは，上段の所定の場所に戻す。継続ファイル及び常用ファイルは，現年度の取り扱いであるから，下段に置いてはいけない。

空になった上段の引き出しは，次年度ファイルの収納場所となる。

(3) 次年度ガイド，フォルダーの作成

新年度文書の発生に備えて，あらかじめ移し換え前に，次年度のガイド，フォルダーを作成する。通常フォルダーは，文書が発生してから作成するのではなく，年度当初に作成しておくこととする。ガイド，フォルダーは前年度ファイル管理簿を参考に作成する。前年度ファイル管理簿の変更の予定があれば，それにしたがってガイド，フォルダーを作る。

次年度のガイド，フォルダーは，移し換えが終わった上段の空になった引き出しにセットする。ガイドとフォルダーのセットにあたっては，年度末のファイル量を想定して引き出しの配分を行う。ファイル量が増えて行くにつれて，次の引き出しにファイルを移動させることのないようにする。

年度当初にフォルダーが用意されていないと，新年度文書と旧年度文書が同じフォルダーに入り交じり収拾がつかなくなるので，新年度ガイド，フォルダーの作成は年度内に必ず行うようにする。

9－3－3　引き継ぎ（置き換え）

引き継ぎ作業は，年度末から年度初めにかけて行う。キャビネット下段のファイル（前年度文書）を保存期間別に区分して文書主管課へ引き継ぐ。文書の流れを作る重要項目のうちの一つである。文書主管課は，引き継いだファイルを全庁統一的に廃棄に至るまで保存する。

第9章　ファイル管理の実際

作業手順は，次のとおりである。

(1) ファイル管理簿との照合

すべてのファイルをファイル管理簿と照合確認する。不適合なファイル，またはファイル管理簿にあってファイルが無い場合，ファイルがあってファイル管理簿に登載されていない場合等に正しく対処する。

引き継ぎを行うファイルは，前年度ファイルであるから，照合を行うファイル管理簿は当然前年度ファイル管理簿である。

(2) 一年保存ファイルの廃棄

一年保存ファイルを廃棄する。

図39　ファイルの箱詰めと引き継ぎ

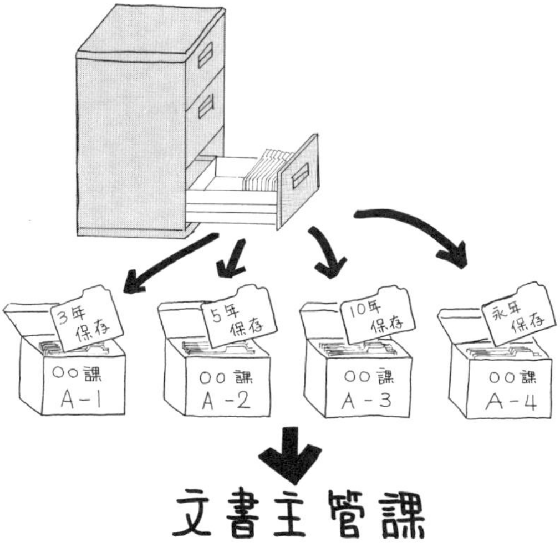

(3) 保存箱の用意

保存ファイル収納用の所定の保存箱を用意する。保存箱には課内で統一した保存箱仮番号を付けておく。

(4) 保存期間別の箱詰め

ファイルを，保存期間別に保存箱へ入れる。ファイルは，年度別，保存期間別に保存されることになる。各ファイルごとに，ファイルを収納した保存箱の仮番号を，ファイル管理簿に記録する。

文書所在カード使用のファイルは，できるだけフォルダーと文書を一緒に箱詰めするように努力する。これによりがたい場合は，別途文書主管課との調整が必要となる。

(5) 引き継ぎ

文書主管課が指定する日時，場所において保存箱を文書主管課に引き継ぐ。文書主管課は，各課から引き継いだ保存箱に全庁統一的な番号を付けて保存する。

9－3－4 保　　存

年度別，保存期間別に保存箱に整理されたファイルは，保存期間が満了するまで書庫に保存される。この間必要に応じた使用ができる。

保存ファイルの使用は，文書主管課を通じて貸し出しを受ける。ファイルの所在は，ファイル管理簿に記録された保存箱番号により確認し，当該保存箱から目的のファイルを取り出すことになる。

この方法によれば，書庫に入ってから数分で目的のファイルを探し出すことが可能である。勿論ファイル管理簿の作成や保存箱への

収納が，正しく行われていることが前提である。

9－3－5　廃　棄

(1) 廃棄の意義

保存ファイルは，保存期間が満了したら廃棄する。保存期間が持つ意義は二つある。その一つは，ファイルを保存期間中損なうことなく保存しなければならないということである。次は，保存期間が満了したファイルは保存していてはいけない，すなわち廃棄しなければならないということである。特にプライバシーに関する文書にあっては，注意しなければならない。従来のように，とにかく「保存して置く分には問題なかろう式」であってはならない。

保存期間にしたがってファイルを廃棄していく。これが廃棄の意義である。

(2) 不要文書の廃棄

文書は，保存期間にしたがって廃棄するのであるが，事務によって生じた不要文書は適宜廃棄するようにしなければならない。ファイリングシステムにおいては，不要文書の廃棄はシステム維持の重要な鍵である。不要文書廃棄の意義は，次のとおりである。

① 正規文書の利用増進を図る。

正規文書が不要文書と混在している状態では，使いづらくまた事務の間違いを招くことになりかねない。不要文書が正規文書の利用を妨げているとの認識が必要である。

② 事務室，書庫等の有効利用を図る。

不要文書があるため，執務環境が悪くなり，書庫等においては文書の利用に支障をきたすこととなる。不要文書の廃棄は，事務室

空間の創設,書庫空間の利用増進につながるものである。
　③　不要な出費を抑える。
　不要な文書は,場所ふさぎで不経済である。最近,増加する文書を既存の書庫等に収納しきれなくなり,文書の保存を外部委託する自治体が増えつつある。今や文書の保存にも経済性が求められる時代となっている。
　保存文書の中にも,かなりの不要文書が存在していることと思われる。不要文書の廃棄は,不要な出費を抑えるものである。

(3)　移し換え時の廃棄
　不要文書の廃棄については,常にその心がけが大切であるが,特に年度末の移し換え時の不要文書の廃棄は,その集大成である。必ず点検を行い不要な文書は棄てる習慣を作ることが必要である。

(4)　不要文書廃棄の要点
次に,ごく一般的な不要文書廃棄の要点をあげておく。
《質量ともに特に注意すべきもの》
　①　例規類集に載せられている「条例案,規則案」
　②　会議議事録に載せられている「速記録」「質疑の原稿」
　③　パソコン使用による,推敲中の「いくつものプリントアウト文書」
　④　手順が改正された「マニュアル類」(作成主務課は別)
　⑤　正式文書が来た後の「速報,規程等の写し」
《使用しなくなった文書》
　⑥　訂正済みの変更通知,差し替え後不要となった文書
　⑦　回覧済みのパンフレット,雑誌の類

⑧　年賀状，挨拶状，案内状，送り状
⑨　開催日経過後の講習会などの案内状
⑩　回答すればそれで終わりの軽易な文書（会議日程の調整等）
《ほとんど使用しなかった文書》
⑪　ほとんど使用しないパンフレット，カタログ
⑫　参考程度に各課に送られてきた報告，統計，速報の類
⑬　利用率の低い文書で，主務課が当然保管しているもの
⑭　必要と思って保管していたが，まったく利用しなかった文書
⑮　前任者から引き継いだ文書で，まったく利用しなかった文書
《メモ，ほご重複文書の類》
⑯　メモ，ほごの類
⑰　正式文書作成後の元原稿
⑱　課，係に一部保管してあれば用の足りるもの
⑲　余分な印刷物
《文書以外の物》
⑳　使わなくなった，用紙，様式の類

(5) 歴史的資料類

　現在多くの自治体において文書の廃棄は，行政的活用価値の判断のみによって行われている。行政事務上必要な文書と，図書館等における歴史的資料類は区分して管理すべきものである事は論をまたない。行政事務上の役割を終えた文書は，歴史的資料類として関係機関へ引き継ぐルールの確立が望まれる。こうすることによって，行政上の文書管理事務の軽減と，資料価値の増進が図れることとなる。

第10章
ファイル管理簿の磁気ディスクによる調製

　情報公開法は，行政文書ファイル及び行政文書の管理を適切に行うため，ファイル管理簿を磁気ディスクにより調製することとしている(注)。
　＊(注)　情報公開法施行令16条1項10号。

10－1　紙情報と電磁的情報
　ファイル管理簿の調製にあたり，まず問題となるのが紙情報（文書）と電磁的情報の統合である。これについては，紙情報管理システムと電磁的情報管理システムを別個に確立し，その後両システムを統合する二段階調整についてすでに述べた（「1－1情報管理と文書管理」の項参照）。
　電子ファイリングにおいては，両者の統合管理，ファイル管理簿の統合管理が行われている例があるが，見聞した限りでは納得できるものではない。まず気がつくのが，システム開発者の行政文書に対する理解の少なさである。また，そのシステム導入を決めた役所側担当者も同様である。役所側担当者は，通常コンピューター関連の職員なのであるが，文書管理に対する理解が乏しい。紙情報に関しては漠然と時代遅れと感じていて，文書管理部門の意見を軽視する。場合によっては，文書管理部門の意見を全く聞かないで，独断でシステム導入を決定することもないではない。システム導入前に，

自分の自治体の状況や文書管理のあり方等を充分検討すべきである。少なくとも現状を無視して，お仕着せのシステムにすべてをゆだねるべきではない。

　次に，電子ファイリグによる，紙情報と電磁的情報の一元化管理の問題点のいくつかをあげる。

(1)　情報の特定

　紙情報，電磁的情報のいかんを問わず，その情報を特定してその情報名をファイル管理簿に登載して管理することは大原則である。

　現実には，この情報の特定がきわめてあいまいに行われている。したがって，情報管理もきわめて不完全なものとなる。これは，「情報目録」と「行政文書の分類の基準」を混同している誤りとも一脈通ずるものがある(注)。

　情報特定の方法も，紙情報と電磁的情報では異なる。電磁的情報にあっては，細分化しても探し出すことは容易である。一方紙情報は，細分化して目録を作成することは事務上かなりの負担となる。目録の電磁化がされていない場合は，探し出すこともさらに容易ではない。

　　＊(注)　「6－3　ファイル管理簿〔ファイル管理簿と行政文書の分類の
　　　　　基準〕」参照。

(2)　物理的形状への視点の欠如

　可視的情報と不可視的情報について，その管理の手法は自ずから異なるものである。これら物理的形状の差異への配慮を忘れてはならない。電磁的情報を中心としたシステムが組まれ，紙情報の処理が困難な場面に遭遇している例をよく見かける。紙情報は，出来れ

ばなくなった方がよいとの思いこみがこれに拍車をかけている。
　事務手続きの合理化，簡略化，住民負担の軽減等ＩＴ関連の事務領域は，飛躍的にますます広がっていくであろうが，それに対して紙情報がますます減少していくことにはならない。紙情報と電磁的情報の分野で，お互いに異なった部分は現に存在し，また存在し続けるであろうからである。

(3)　紙情報と電磁的情報の一元化管理の問題
　紙情報と電磁的情報の一元化管理への対応には，明確なルールを定めなければならな　い。
　明確なルールとは，例えば次のようなものである。
　ア　同一情報における，紙情報と電磁的情報の優先性。
　イ　電磁的情報を受け，それへの回答を文書で行う場合の処理方
　　法。この逆に文書で受け，回答は電磁的情報で行う場合も同様
　　である。
　ウ　電磁的情報をプリントして，紙情報として持つ場合の基準。
　　この逆も同様である。
　紙情報と電磁的情報をそれぞれで管理する二系統にする場合でも，これは避けてとおれない問題である。

(4)　保存期間
　同一情報における，紙情報と電磁的情報の優先性とも関連するのであるが，保存期間をどう決めるのかの問題がある。正本が決まったとしても，保存期間は両者についてきめなければならないであろう。
　加えて，電磁的情報には，長期的保存へのメンテナンスの問題が

第10章　ファイル管理簿の磁気ディスクによる調製

ある。主なものとして機器類のヴァージョンアップ、または情報の廃棄等である。電磁的情報の事務処理は理論では簡単でも、その実際は単純ではない。CD、DVDなどの記憶媒体の取り扱いを含め情報管理の根幹に触れる問題を解決しなければならないからである。

10−2　ファイリングシステムにおけるファイル管理簿の調製

　ファイル管理簿の調製とその管理は、文書主管課が全庁統一的に行うことが望ましい。その主な理由は次の二つである。

　第一に、情報公開を始めとする対外的窓口を一元化する必要からである。この場合、文書主管課を情報公開担当課と呼びかえることになんら問題はない。

　第二に、文書のライフサイクルを管理するのが文書主管課であるからである。主務課に任せた場合には、組織の改編に対応できない。また自課管理は、すべての事項に渡ってよい結果を生まない。

　勿論、ファイル管理簿の作成とその決定は主務課の専管事項である。

　ファイル管理簿は、三組必要となる。その一は、文書主管課用、その二は主務課用（各課用）、その三は情報公開の閲覧用である。この閲覧用ファイル管理簿については、個人情報の秘匿が必要である。

　正本は、文書主管課用とし、長期保存とする。ファイル管理の記録は、文書主管課用で行う。

　以上は、ファイル管理簿のプリントアウトを前提とした記述であるが、ファイル管理簿を電磁記録のみで管理することもありうる。その場合もファイル管理簿調製の主旨に変わりはない(注)。

　＊(注)　「6−3−3　ファイル管理簿の作成方法とその様式」参照。

第1部　ファイリングシステムの基本

10－3　磁気ディスクファイル管理簿調製の実例

　茨城県つくば市のファイリングシステムにおける実例を紹介する。つくば市においては，庁内LANによりファイル管理簿の調製を行っている。

(1)　つくば市の規模
　　市　域　285平方キロ
　　人　口　20万人
　　ファイル管理単位（課）　250（含市立小・中学校50校）

(2)　文書管理システム導入の経過

平成9年度以前　　情報公開にむけファイリングシステム導入を検討，導入を決定。
　　　　　　　　年次計画　初年度　市役所本庁舎
　　　　　　　　　　　　　第2次　出先機関
　　　　　　　　　　　　　第3次　市立小・中学校

平成10年度　　　ファイリングシステム市役所本庁舎から導入開始。4月から導入研修，切り換え作業実施。ファイル基準表(注1)の作成は，ワープロ・パソコンソフトのエクセル，一太郎等によっていた。
　　　　　　　　・ワープロでは，ファイル基準表から直接フォルダーラベルの印刷ができないので，ファイル名（文書名）を別入力しなければならなかった。この作業はかなりの負担になった。

平成11年度　　　ファイリングシステム出先機関導入。
平成12年度　　　ファイリングシステム市立小中学校導入。

	ファイリングシステム全庁導入完了（250ファイル単位）。
平成13年度	庁内ＬＡＮによる文書管理システムを，庁内60課に導入。システム使用台数は，各課人数に応じて配分，全150台。

- システム稼働が２月頃で庁内各課に完全導入が困難だったため，切り換え可能な課のみの一部導入となった。
- システム稼働時には，平成12年度ファイル基準表(注2)のデーターを，エクセル形式に変換し投入した。

平成14年度	本庁舎全課に文書管理システム導入完了
平成15年度	市役所全組織に文書管理システム導入完了。全250課（ファイル管理単位）。
	文書管理システムを新システムに更新。

- 一元管理，ＬＧＷＡＮ等に対応可能なシステムを開発。
- ＬＡＮにつながるすべてのパソコンは，システムが使用できるようになった。ただし同時に接続可能台数は，各課の人数に応じて配分し300台とした。

将来的目標	ペーパーレス化の推進

① ファイリングに関するペーパー類のプリントアウトは一切行わず，文書管理システムで管理する。

② 現在情報公開目録は，ペーパー情報で行って

第1部　ファイリングシステムの基本

　　　　　　　　　いるが将来的には，電子情報（モニター画面）
　　　　　　　　で提供することを検討している。
課題　　　　　　文書管理システム以前のペーパー情報の取り扱い。

　＊（注1）　ファイル基準表＝ファイル管理簿
　＊（注2）　ファイル基準表の作成基準日は，年度末である。「6－3－4
　　　　　　ファイル管理簿作成の基準日」参照。

(3)　文書管理システムの主な機能
①　ファイル基準表の作成
　・作成は，ある一定の入力期間を設定し，各課はその期間内に
　　ファイル基準表を入力する。入力期間経過後は入力できない
　　（注）。
　・総務課において各課のファイル基準表を管理する。
　・入力情報の保護。総務課が管理するファイル基準表へは，他
　　課からは閲覧のみのアクセスしか出来ない。また入力情報の
　　訂正は，入力期間経過後は出来ない。
②　ガイド・フォルダーラベルの印刷
　　ガイド・フォルダーラベルをシステムから印刷
③　入力情報のデーター処理
　・文書量の把握
　　検索項目＝年度別，保存期間別，保存文書量，廃棄該当文書，
　　等多数。
　・用品類の必要量の把握
　・経年推移
④　保存文書の管理

保存箱の置き場所を管理することにより,
- ・目的の文書をすぐ探し出せる。
- ・廃棄文書の確認および廃棄の正確な実行。

⑤　文書の検索

これについては,ファイル基準表の精度を高めていくという課題がある。

⑥　情報の有効利用と事務改善

重複情報,関連情報等の把握により,情報の有効利用を図る。また,事務改善の資料とする。

例をあげれば,
- ・各課間の同一文書,類似文書等の整理統合
- ・原本とコピーの関係のルール一確立（原本保存主義の徹底など）
- ・保存期間の統一
- ・ファイル名の改善
- ・文書分類の改善

⑦　総合情報管理システムへの移行

従来の文書管理からいきなり「総合情報管理システム」への移行は無理がある。紙情報の管理としてのファイリングシステムを経験し,のち電磁的情報の処理にあたるほうが,スムーズな総合情報管理システムへの移行に有益である（「1－1　情報管理と文書管理」,「10－1　紙情報と電磁的情報」参照）。

これについても,ファイル基準表の精度を高めると共に,情報の分析技術の開発等が今後の課題である。

　　＊(注)　「6－3－4　ファイル管理簿の変更」参照。

第 2 部

ファイリングシステムの導入と維持管理

第11章
導 入 計 画

11－1　導入日程

　ファイリングシステム導入に至る過程は，それぞれの自治体によって異なる。ボトムアップであったりトップダウンであったり，または，議会や住民団体からの要求であったり多様である。いずれにしても，導入には長期間の日時を要するから，きちんとした導入日程を作成することが，成功への第一歩である。

　導入決定に至る過程を大きく分けると，次の三段階である。
　①　導入主管課における文書管理改善の検討と導入素案の作成
　②　庁内検討会議
　③　組織としての導入決定

　これらの過程に置いて，これが決定版というような手法はない。自治体には，それぞれ個性があるから，A市でうまくいったからといって，B市でうまくいくとは限らない。もちろん，他市の例を参考とするのは必要であろうが，やはりそれぞれの自治体の実情にあわせた手法の検討が必要である。

　次に導入に先立つ作業が「導入計画の策定」である。

11－2　導入計画の基本事項

　ファイリングシステムの導入にあたって，その導入計画を最上位計画として明確に決めておくことが重要である。この導入計画を曖

味なものにしておくと，実際の導入作業が混乱し，導入終了後までも尾を引く事態が発生することがあるので注意を要する。
　導入計画の基本事項は次のとおりである。
　　導入対象の範囲（対象部課）
　　年次計画
　　導入方式
　　モデル課方式
以下順を追って述べていく。

(1)　導入対象の範囲と機関間調整
　情報公開法の主旨からいえば，すべての部課が対象となる。
　問題となるのは，執行機関，議会，公営企業等の相互関係である。それぞれ独自に導入するのか，同一計画のもとで導入するのかを明確にしておかなければならない。また，執行機関内でも異なる機関間の調整も必要である。
　導入対象の範囲の例をあげれば次のとおりである。
　　・首長部局
　　　　出先機関
　　・教育委員会
　　　　出先機関
　　　　学校
　　・選挙管理委員会
　　・監査事務局
　　・行政委員会
　　・議会
　　・公社

・外郭団体

(2) 年次計画

組織の規模により，全庁一斉に導入できない場合は，段階的に導入することが必要となる。組織が大きければ大きいほど長年月を要するので，きちんとした年次計画の策定が重要となる。

導入作業期間の長短は，その成果と関連がある。大まかにいえば，導入作業期間が短い方が良い結果が得られている。その理由としては，短期間に行う場合は，全庁目的へのエネルギーの高まりが見られる，一方長期間にわたると目的が自課にかかわってくるまで他人事であり，目的へのエネルギーが分散してしまうのではないかと思われる。

(3) 導入方式

導入の方式を大別すれば，「自治体独自の導入」と「外部コンサルタント利用」の方式の二つである。

① 自治体独自（内部指導者方式）の導入

自治体独自で導入する場合には，内部職員をファイリングシステムの指導者として教育し，その内部指導者のもと導入を行うものである。

② 外部コンサルタント利用

外部コンサルタント利用には，いくつかの方法がある。その主なものを次にあげる。

ア セミナー方式

担当職員をファイリングシステムセミナーに参加させ，指導者教育を行うものである。担当職員は，文書管理部門，情報公開部門等

から数名参加させるのが一般的である。

これと平行して，一般職員を対象とした研修会を講師を呼んで開催する。

　イ　人材派遣方式

ファイリングシステムのコンサルタントを呼び，その指導のもと導入ステップをチェックしながら作業を進めていくというものである。調査から始まって，職員教育，文書分類，新システム切り換えまでを行う。

　ウ　導入業務委託方式

導入業務のすべてを，コンサルタントへ委託するものである。

　エ　実地指導方式

導入全般に関する計画から，最終目的であるファイル管理簿の作成までを指導する。この間，管理職を含めた職員の研修を経て，積み上げ式による職員自らのシステムへの切り換え作業を，実地指導方式の言葉どおりに，事務室の現場において現実の文書を前に置いて指導するというものである。

　③　内部指導者方式とコンサルタント利用の比較

内部指導者方式とコンサルタント利用の長所短所を比較すると，次のようになる。

〔内部指導者方式〕

長所＝利点	短所＝欠点
①　人材 　適切に訓練されれば，コンサルタントに代わることができる。またコンサルタントより「わが組織精神」の情熱を期待できる。	①　未経験の指導 　ファイリングシステムが，初めての経験のため，その人の総合的な経験を生かすのが難しい。

② 計画の継続性の確保 　自ら行った事への執着と責任を期待できる。内部職員であるから指導の継続性も確保できる。 ③ 内部事務に精通 　コンサルタントと違って，内部事務に精通しているからきめこまかな指導が可能でである。 ④ 経費 　人件費がかからない。	② 指導の専念体制 　内部指導者が，ファイリングの指導に専念できる体制になりにくい。現在の担当業務と平行してやらねばならず，負担が大きい。 ③ 組織的援助 　日常業務の一部と見なされ管理者，組織からの援助が弱い。また，組織的取組も弱くなる。 ④ 準備期間 　内部指導者の教育期間のほか，調査，事務分析，訓練等に要する期間が長くなる。 ⑤ 改善の視点 　内部の目による自己改革は，外部からの目を欠き独善的になりやすい。長所③の裏返し。

　以上を総括すると，この方式は指導職員の負担が大きく，また，指導職員に対し同じ仲間意識から庁内の抵抗も大きく，よい結果を得ることはなかなか困難のようである。そしてまた，指導職員自身組織内部に属するので，内部の問題点を見過ごしやすい欠点を持っている。

　純然たる自治体独自の導入は，困難でありまれでもあると思われる。

〔コンサルタント利用方式〕

長所	短所
① 専門の技量・才能がある。 ② 問題点をきちんと指摘でき，改善すべき事項が無駄なく改善できる。 ③ 新鮮で，客観的（外部的）なものの見方をする。 ・情報公開において重要 ・職場環境の整備等，内部の人間では気づかないことへの目がある。 ④ 新しいアイデアがある。 ⑤ 他自治体の情報が豊富であり，同じ問題解決の知識と経験がある。 ⑥ 短期的契約で職務を終了させることができる。	① 金がかかる。 ② 長所①〜⑤まで共通であるが，実際に派遣されてくる人物がそうとは限らない。

(4) モデル課方式

 一般にモデル課方式というものが多く行われている。その目的は，全庁導入の先駆的な役割を持たせ，実際の導入のやり方，文書分類表の作り方等のモデルを作り，それを参考に後続部課の導入を促していくというものである。

 大規模組織にあっては，全庁一斉に導入作業に入れないので，段階的導入の先駆けとする場合にも用いられている。また，庁内の導入反対勢力に対する刺激を和らげるため，少しずつ導入可能な部課から始めるといった場合もある。

 いずれの場合においても，モデル課方式をとる場合には事前にそのメリット，デメリットの検討は欠かすべきではない。

 次にモデル課方式のおおまかな問題点について述べる。

 モデル課の選択にあたっては，導入に積極的な課，協力的な課を

選ぶのが普通であろうが，それに比例してよい結果が得られるか否かは別の話である。積極的，協力的の意味が，ファイリングシステムの理解とは，必ずしも一致しないからである。そこには，単なる知識の協力や，人間関係の好悪が潜んでいるからである。なにをもってモデル課とするかの基準を作るのは難しい。

　モデル課の導入結果が悪かった場合はどうするのか。モデル課が軌道を外れた場合の後続部課に与える影響は大きい。その軌道修正は一つの仕事となる。モデルの名の下に既成事実が積み上げられていくと，「モデル課の都合は，後続課の不都合」となる。

　モデル課の結果が悪かった場合，導入を止めるのか。そのようなことは出来ないであろう。全庁導入という目的は，モデル課の導入結果に左右されてはならない。モデル課は，全庁導入の始めに過ぎない。

　モデルということに，特別な意味を持たせるのは避けたほうがよい。きちんとした年次計画を作り，それによって順次導入する方がよい。先行部課の結果に従うのではなく，その結果を参考によりよきものを作っていくほうがよい。

11－3　導入経費

　ここでは導入の必要経費の概略について述べる。必要経費は，導入の考え方によって変ってくるものである。これは各自治体によってかなりの差があるから，以下に述べるのは主要な項目の経費にとどまるものである。例えば，保管用具の統一といった面から，キャビネットを購入する場合と，できるだけ現行の用具類を使用する場合では，経費的にかなりの差が出てくることになる。

(1) 用　　具

　A4判キャビネットが主体である。職員一人あたり2引き出しといった見当である。職員二人で四段キャビネット一台である。

　通常文書量は，年々増加する。それに対応しなければならないことは勿論であるが，減量作戦を展開することも重要である。主務課の要求にいいなりになっていると，キャビネットはいくらあっても足りなくなる。

　この他の用具としては，書庫の保存箱置き場としての書架（書棚）であるが，必要があれば購入する。

(2) 用　　品

　用品類の主なものは次のとおりである。おおよそ一人当たりの数量である。次年度以降必要に応じて補充することとなる。フォルダーは毎年度ほぼ同数の補充が必要である。

　　　第一ガイド　　　　　5枚
　　　第二ガイド　　　　　20枚
　　　フォルダー　　　　　100枚
　　　一時留置フォルダー　1枚
　　　ガイドラベル　　　　25片（ガイドの数分）
　　　フォルダーラベル　　100片（フォルダーの数分）
　　　保存箱　　　　　　　保存文書量を推定する。過年度文書の整
　　　　　　　　　　　　　理にも使用するので，その状況によって
　　　　　　　　　　　　　異なる。

　用具，用品類は多種多様なものが市販されている。品目，形式とも単一なものに統一すべきであることは，すでに述べた[注]。

　＊(注)　「2-6　ファイリングシステムの用品・用具」参照。

(3) コンサルタント経費

コンサルタントの方式によってきまる。方式が決まったら見積りを取り寄せて検討する。また、その内容について詳しく説明を受け、導入に行き違いのないように注意しなければならない。

(4) 保存文書の外部委託費

導入にあたって、引き継ぎ文書の保存場所の確保は重要な課題である。保存に従来のように不安があると、主務課は導入に協力してくれなくなる。書庫を整理してその容量を把握し、不足すれば外部委託を検討する。

委託の形式も多種多様であるから、充分な説明を受け、組織に適したものを選ぶことが必要である。

(5) 諸経費

事務費といったものであるが、主なものは、次のとおりである。

- 研修費 … 文書主管課職員のファイリングシステムセミナー参加費
- 印刷費 … 庁内広報、マニュアル作成
- 交通費 … 先進自治体視察（ファイル責任者、ファイル担当者等）
  すでにファイリングシステムを行っている他自治体の視察は、ぜひとも必要である。
- 図書費 … 参考資料の収集

第2部 ファイリングシステムの導入と維持管理

導入諸経費一覧

項目	内訳（数量×単価）	金額
用具 　Ａ４－４段 　キャビネット	・職員数×0.5台×単価	
用品 　ガイド 　フォルダー 　一時留置フォルダ 　ガイドラベル 　フォルダーラベル 　保存箱	・ガイド　　　　　　　　25枚×単価×職員数 ・フォルダー　　　　　100枚×単価×職員数 ・一時留置フォルダー　1枚×単価×職員数 ・ガイドラベル　　　　25片×単価×職員数 ・フォルダーラベル　100片×単価×職員数 ・保存箱　　　　　　　推定数×単価 （注）用品類は，次年度も使用するので若干 　　　多めに見積もっておくと安心である。	
コンサルタント	・導入方式により見積書を取り寄せる。	
保存文書外部委託費	・保存箱数×単価 ・使用回数×単価 （委託文書使用の回数を推定する。）	
諸経費 　研修費 　印刷費 　交通費 　需用費		
総　合　計		

11－4　文書管理関係規程の改正

　ファイリングシステムを導入すると，現行の文書管理関係規程の改正が必要となる。この改正にあたっては，導入の経過を充分見定めたうえで行うことが大切である。規程類は，役所では気軽に変更していくというものではないから，この点を念頭におかなければな

らない。

　現行制度すなわち規程を改善しようとするのであるから，規程の改正の先取りは往々にして改善の足かせとなるので注意を要する。

　導入は，通常何段階（何ブロック）かに分けて行われるので，最初の導入課に都合のよい規程にすると，後に続く課の不都合となる場合が生ずる。導入の経過を充分見定めた上で改正することが大切な理由がここにある。

　ファイリングシステム導入の根拠として，導入前に規程類の改正を行う組織体がある。システム導入は，試行錯誤の繰り返しにより，よりよいものを作っていくのがよい。積み上げ式ファイリングの利点もそこにある。あらかじめ決められた規程によるのでは，柔軟な行動が出来ない。よいアイデアも生かされない。例えば，ファイル管理簿の記入の仕方一つをとっても自由にならない場合がでてくる。文書分類のみではなく，保存にかかわる部分は，文書主管課の陣容，書庫の現状，外部委託の有無等によっても左右される。

　これらシステム導入前における規程類改正の問題点を整理してみると，

　① 　予測不可能問題の発生に対応困難
　② 　先行課の都合は，後行課の不都合
　③ 　創意工夫が生かせない。改善の足かせ。

となる。

　問題はこの他にもあるが，以上が大きな欠点である。改正にあたって，文書主管課は，改正の内容はもちろん，その時期の検討をないがしろにしてはならない。

第12章
実務対応型導入手法

　ここでは，ファイリングシステムの導入手法について述べる。この導入手法は，次に示す具体的な導入作業過程において行われる。
① 対象文書の確定
　　ファイリングシステムの対象とする文書を決める。すなわち，
　・何年度の文書から始めるのか。
　・対象とする文書の範囲をきめる。
↓
② 文書のフォルダー化
　・対象文書をすべてフォルダーに入れ，文書を特定する。
　・フォルダーに入れ，特定した文書をファイルと呼ぶ。
↓
③ ファイル（文書）の分類，体系化
　・ファイルをガイドにより分類し，序列を作り体系化する。
↓
④ ファイル管理簿の調製
　・体系化されたファイルの目録を作る。すなわちファイル管理簿である。

　文書は，実際の事務の中で発生する。したがって文書は事務に対応した形で整理することが最適である。事務とその記録は一体のものであり，その管理も当然両者が対応したものでなければならない。

ファイリングシステムの導入の手法についても，これとなんら異なることはない。

　文書を整理分類する作業方法に，「割り付け式」と「積み上げ式」という方法がある。割り付け式は，最初に文書分類表（ファイル基準表）を作りそれに従って，個々の文書を整理分類するというやり方である。いわば上から下へ作業を行うものである。

　積み上げ式は，個々の文書をまとめながらファイルを作り，ガイドを立てて徐々に全体をまとめ上げていくやり方である。全体の作業が終わり，これでよいというところで文書分類表を作る。いわば下から上へ作業を行うものである。

　実務対応型導入手法をとれば，こうあるべきだとする文書分類表を最初に作り，それに従って作業を進める割り付け式的なやり方よりも，実務上の個々の文書をまとめながら全体におよぼしていく積み上げ式的なやり方のほうが適している。

　以下，実務対応型導入手法の具体的な内容について述べる。

(1) 現実の事務文書の整理分類

　最初に基準とする分類表はないので，現実の事務文書を整理分類していく。最終的に全体の文書の整理，分類が終わった状態を記録したものが文書分類表であり，ファイル管理簿である。

(2) 事務担当職員自身の事務文書を整理分類する

　事務担当職員自身が，事務文書を整理分類していく。これは，担当事務と文書の関係，取り扱い方，重要度等を理解しているのは事務担当職員だからである。実務に対応した文書整理ができ，またこの方法は，経験の浅い職員でも比較的簡単に出来るという利点があ

る。

　そしてなによりも，担当職員自身が分類したものであるから，基本的には事務に支障をきたさない。また，自分自身が作った分類であり押しつけられた分類ではないから，納得して責任を持つことになる。

　担当職員の主観的な個人差は，試行錯誤を繰り返して修正していけばよい。これはまた，万人に通ずる客観的な分類は存在しないという認識に立っている。

(3) 切り換え作業期間の設定

　新システムへの切り換えは，文書の整理分類という具体的作業を伴うから，一定の作業期間を設ける必要がある。その間試行錯誤を繰り返して修正を重ね徐々に完成させていく。切り換え作業期間は，3ヵ月程度がよい。あまり長すぎると，現実の文書を不安定な状態に置くので事務に支障が生じ好ましくない。

(4) 課単位のまとめ

　個々の担当職員が作り上げたファイルは，最終的には課単位でまとめ序列を組む。

　全ファイルをキャビネットに収納し，分類，序列を最終確認して導入作業を終わる。ファイルの個人別管理は厳禁である。

(5) ファイル管理簿の作成

　キャビネット内のガイド名，ファイル名を序列に従って書き抜き，ファイル管理簿とする。

　図は，ファイリングシステムの構築の模式図である。

第12章　実務対応型導入手法

図40　ファイリングシステム構築の六面体

ファイル管理簿の作成
（文書目録）

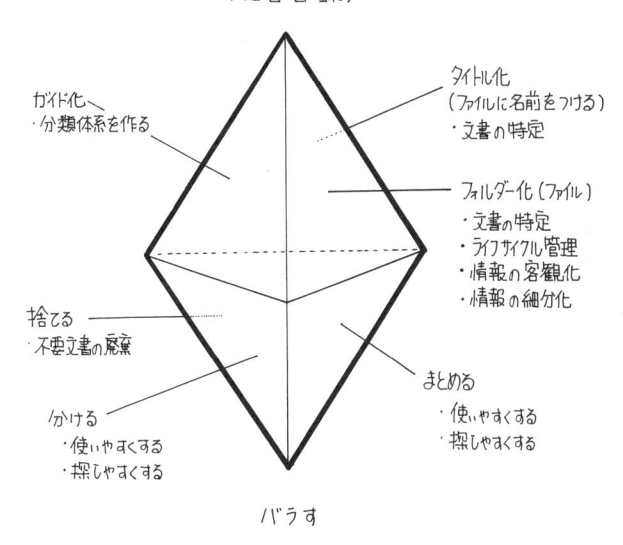

- ガイド化
  ・分類体系を作る
- タイトル化（ファイルに名前をつける）
  ・文書の特定
- フォルダー化（ファイル）
  ・文書の特定
  ・ライフサイクル管理
  ・情報の客観化
  ・情報の細分化
- 捨てる
  ・不要文書の廃棄
- 分ける
  ・使いやすくする
  ・探しやすくする
- まとめる
  ・使いやすくする
  ・探しやすくする
- バラす

「バラす」＝何でもとっておく。年度区分もない。担当職員にしか分からない。こうした旧来の文書綴りとの決別である。ファイリングシステムの始まりである。

「棄てる」＝何でもとっておく主義からの脱出。ファイリングシステムはステリングシステムである。不要な文書は棄てて，活用文書の利用増進を図る。

以上が，ファイリングシステム構築の前段階である。

「フォルダー化・タイトル化」－不要文書を棄てて，使いやすく探しやすいように整理した文書をフォルダーに入れる。フォルダー化は，システムにおける最重要項目である。

文書の管理はフォルダーから始まる。フォルダーに名前を付けてファイルの誕生である。

「ガイド化」＝ファイル群を，第1ガイド，第2ガイドによって分類する。

「ファイル管理簿」＝以上を経て，ファイリングシステム構築の完成である。ファイル管理簿は，形に表れた成果である。

第13章
導入実施要綱

　ファイリングシステムの導入が決定したら，文書主管課は，導入計画にそって具体的な実施のための要綱を定める。導入実施要綱の重要項目は，次のとおりである。

① 　庁内周知
② 　文書実態調査
③ 　文書の取り扱い
④ 　ファイル管理の単位
⑤ 　切り換え作業日程
⑥ 　導入研修
⑦ 　用品，用具必要量
⑧ 　その他

　文書主管課は，この導入実施要綱に基づき庁内向け「導入マニュアル」を作成し，各課を指導する。庁内からの質疑等には，この導入実施要綱に基づき回答できることが望ましい。

13－1　庁内周知

　新たな計画の遂行にあたり，なによりも全職員にその計画の周知徹底を図らなければならない。情報の伝達は，速やかに正確に行う必要がある。新たな計画について職員に不安を与えてはいけない。そして庁内のムードを盛り上げ協力を願うことが大切である。庁内

広報等を通じて、こまめに情報の伝達に努めなければならない。

13-2　文書実態調査

導入にあたり、文書の実態調査を行う。

調査項目は次の2項目である。

① 現状の文書管理の実態

現在、何処に、文書がどのような形態で、どのような用具に保管されているかを把握する。

② 文書量調査

現在の文書量がどれだけあるかを把握する。文書量は、その文書を積み上げた場合の高さで表すこととする。例えば、文書を机の上に単純に積み上げたとき、1メートルあれば「1ファイルメートル」と呼ぶ。

文書がどこに、どのような形で、どれだけあるかを大雑把に把握するのである。この文書量調査には、金と手間暇をかけることはない。

13-3　文書の取り扱い

新システムの導入への過渡期にあたり、文書取り扱いで注意すべき主な事項は次のとおりである。

13-3-1　切り換え文書の対象年度

ファイリングシステム導入時、何年度の文書から対象にするのかを明確に決めなければいけない。過年度文書とファイリングシステム対象の文書では、文書の管理の方法が異なるから、対象区分をおろそかにすると、新システム移行前後の年度の文書の整理に混乱を

来すので注意を要する。
　対象とする年度は，導入年度またはその前年度が一般的である。

13－3－2　継続文書・常用文書(注)
　新システム導入年度が確定した時，それ以前の文書で継続文書にしたいもの，または常用文書であるものの取り扱いは導入年度の文書とする。したがって両者とも，過年度の文書目録に載せてはいけない。二重登載となるからである。
　＊(注)　「5－4　継続文書と常用文書」参照。

13－3－3　過年度文書の整理
　過年度文書の整理については，不要文書の廃棄，書庫の整理を限度とするのが無難である。新システム導入前に，過年度文書の整理にエネルギーを費やすと，本来の目的であるファイリングシステム導入がおろそかになる恐れがある。
　過年度文書の整理の問題点は，次のとおりである。
① 　何年度からさかのぼって対象とするのか。(新システム導入の対象年度確定と全く同じ問題)
② 　経費，労力に見合う利用があるのか。
　　情報公開を視野に置いても，この課題は検討しなければならない。
③ 　過年度文書は，長期保存を除けばいずれは廃棄する文書である。本来廃棄されていなければならない文書，廃棄期日が近づいている文書等も存在する。
以上は充分念頭に置いておくべきである。
　過年度文書の整理は，最小限度の範囲に止めるようにする。その

方法も原則的には従来どおりとする。その要点は，次のとおりである。
- ① 保存期間区分を決める。次の三区分程度に止める。
  - ア 長期保存文書を峻別する。
  - イ 現時点で廃棄できないもの（10年保存）
  - ウ 現時点で廃棄できるもの
- ② 保存する文書については，保存区分別に所定の保存箱に収納し保存する。
- ③ 保存文書目録作成における文書の単位は，現在の形態のままの綴りごとに一文書とする。

過年度文書の整理は，現在の文書管理の状況によって大きく変わるものである。上記の問題点や要点は，単なる参考にすぎない。現状に対応した方策を講じるよう留意しなければならない。

13－3－4　文書所在カード処理

フォルダーに入らない文書もファイリングの対象である。これらの文書をきちんときめておかなければならない。そして，これらの文書に対応するフォルダーを作り，文書所在カード処理をする。曖昧にしておくと行方不明となりファイル管理簿に載らない恐れがでてくるので注意を要する。

13－3－5　幽霊文書

文書はすべて，ファイル管理簿に登載して管理する。この原則に例外はない。文書があってファイル管理簿に登載されていないもの，または，文書が無くてファイル管理簿に登載されているもの，これらを私は「幽霊文書」と呼んでいる。

新システムへの過渡期には，この幽霊文書が多く発生するので注意を要する。幽霊文書は，過年度文書目録にも登載されていないから，その存在は現物の文書を持っている職員にしか分からない。事実として対内部外部を問わず情報隠しにあたることとなる。
　まず，文書があってファイル管理簿に登載されていない場合について述べる。幽霊文書発生の原因は二つある。
　その一は，年度区分の曖昧さにある。年度区分の曖昧な文書をフォルダー化して，過年度文書だからという理由でファイル管理簿に登載しない場合である。フォルダー化したファイルとファイル管理簿が一致しない。
　その二は，継続文書，常用文書にかかわるものである。事実上使用しているのに，過年度文書であるからという理由でファイル管理簿に登載しない場合である。
　次は幽霊文書にかかわる実例である。参考までに挙げる。
【実例】
　　第1ステージ
　　　　事務担当者曰く，「これは，重要かつ秘密文書だからファイリグできない」。人事異動の時には，自ら後任者に直接引き継ぐというのである。これではまるで「一子相伝の奥義」である。他者には存在の知れない，また組織にとっても組織的管理から離れた文書である。
　　第2ステージ
　　　　人事異動に伴う事務引き継ぎに際し，前任係長から後任係長へ幽霊文書の引き継ぎの行われる場面。
　　　　前任者「これは重要で秘密文書です。大切に保存してください。」

後任者「ファイル基準表(ファイル管理簿)に載ってますか。」
前任者「秘密文書なので載せてません。」
後任者「え,載せてないんですか……,でいつまでとっておくんですか。」
前任者「何時までということはないんですが,あなたの判断で。」
（ファイル基準表に載せていないから,当然保存期間など決めていない。）
後任者「そんな訳の分からない非公式文書は受け取れませんよ。」
前任者「秘密文書ですから。ここの係長職が持ってなきゃならない文書ですから。課長も内容については詳しく知らない文書で,係長が持っているべき文書なので……」
後任者「課長も詳しく知らない非公式文書だったら,なおさら責任を負いかねます。受け取れませんよ。」
（この会話は,いろいろ重要な問題を含んでいる。）

つぎに,文書が無くてファイル管理簿に登載されている場合である。

これは,文書を整理,分類する前に何らかの文書分類表を作り,それに従ってフォルダーを作り,結果として文書が無いのにそのフォルダーを取り除かなかった場合に起こる。仮の文書分類表作成の理由として次の三つが考えられる。

その一は,文書分類はこうあるべきである,という主張があって,文書分類を始める前に文書分類表を作ってしまう場合。いわば「文書分類はこうあるべき論」である。

その二は，先進自治体などから文書分類表を取り寄せ，その文書分類表により実際の文書の分類を行う場合である。ここでは，同様の業務には，同様の普遍的な文書分類が存在するとの思いこみがある。このケースには，同一自治体内の幼稚園，保育所等の同一業務における「標準文書分類表」の作成も含まれる。しかし，実際の文書分類は，他の組織の文書分類表のとおりにはならない。分類の基準には，組織の規模，事務手順，あるいはその課のみが持つ特殊性等，多数の要因があるからである。標準的普遍的分類など存在しない。巷間「整理もの」の出版が何十年も続いている理由の一つもここにある。標準的普遍的な分類など存在しないのである。

　私は，この現象を「標準分類の呪縛」と呼んでいる。

　その三は，その一とその二のなんらかの変種である。すなわち「あるべき論」と「標準分類の呪縛」の落とし子である。

13－4　ファイル管理の単位

　出先機関や分室等がある場合は，ファイル管理の単位をあらかじめ決めておく。ファイル管理簿は，ファイル単位ごとに調製するので注意を要する。この場合，ファイル単位で調製するファイル管理簿の決裁権者が誰であるかは，内部の事案決定規程による。

13－5　切り換え作業日程

　狭義のファイリングシステム導入作業がこれにあたる。すなわち従来の文書整理のやり方を改め，文書をフォルダー化していく作業である。

　切り換え作業は，職員が各自ばらばらに行うのではなく，庁内全体が組織の日程に従って行動するということである。従来の私的管

理から，組織的管理に移行するということである。

そのためには，切り換え作業のための必要項目を明確にして，具体的な作業日程をきちんと作成することが必要である。

切り換え作業の主な項目は次のとおりである。

① 導入研修
　ア　管理職
　イ　ファイル責任者，ファイル担当者
　ウ　一般職員
② 事務室内整理整頓
　ア　不要文書の廃棄
　イ　不要物品の撤去
　ウ　大掃除
　エ　ファイリングキャビネット設置場所の検討

　不要文書を廃棄し，事務室を整理整頓する。現在事務室にある文書の50％が不要文書であるという報告がある。また，ファイリングシステムを導入した組織でも同様な結果を得ている。不要文書，不要物品を整理して，キャビネット設置場所を確保する。事務室空間の創造も，ファイリングシステム導入の目的の一つである。

③ 書庫の整理
　ア　不要文書の廃棄
　イ　不要物品の整理

　ファイリングシステムでは，廃棄に至る文書の流れを作ることが重要課題である。引き継ぎが正しく行われ，保存が心配なく確保されることが必要である。

　従来の保存は，各課まかせで，書庫は雑然として文書はほこ

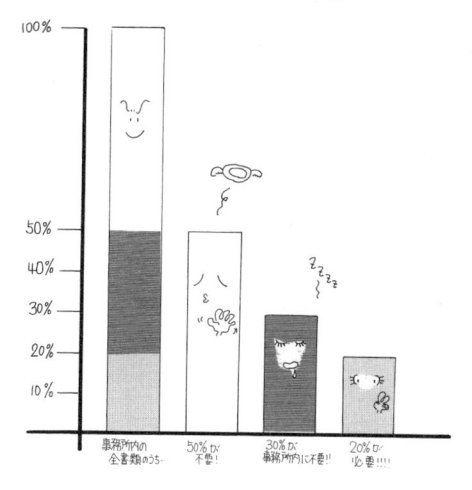

図41 不要文書が半分

りまみれに積み上げられ，必要文書の発見は大仕事というのが一般的状況である。書庫の整理は，文書主管課への引き継ぎが安心して行われるための最低条件である。
④ 過年度文書の整理
　ア　ファイリング対象年度文書と過年度文書の区分
　イ　過年度文書は書庫へ
⑤ 用品，用具類の調達
⑥ 切り換え作業日程表の作成
⑦ ファイル管理簿の作成

切り換え作業日程表の一例

作業項目	9月 1	9月 10	9月 20	10月 1	10月 10	10月 20	11月 1	11月 10	11月 20	1
1 導入研修										
①管理職	───									
②ファイル責任者	───									
③一般職員		─────								
2 事務室内整理整頓										
①不要文書廃棄		───────								
②不要物品撤去		───────								
③大掃除	───────									
④キャビネット設置場所の検討	───────									
3 書庫整理										
①不要文書廃棄	───									
②不要物品撤去	───									
4 過年度文書の整理										
①過年度文書の区分	───									
②過年度文書は書庫		─────								
5 用品,用具類搬入		─────								
6 切り換え作業				─────────────────────						
7 ファイル管理簿作成										

13−6　導入研修

　導入にあたっては，職員の研修が必要となる。これは管理職を含めて，全員がその職務に応じた研修を受けることが必要である。

13−6−1　導入主管課職員の研修

　導入主管課は，文書管理部門または情報公開部門などがあるが，これは，ファイリングシステム導入主管課の指導者研修である。

　導入主管課職員は，いうまでもなくファイリングシステム全体について，広く深い理解が必要である。そのため自己研修はもちろんであるが，ファイリングシステムの専門ゼミナールに参加することも必要である。また，他先進自治体等の視察も視野を広げることに役立つ。ただし，視察にあたっては，広く高い視点からの観察が必要である。例えば，文書分類表をもらってきて，それを検討もしないで真似るなどの直接的な行動は，よい結果を得ることが出来ない。たとえ業務，組織は似ていても，どの自治体もその自治体としての個性があり，また文書の質量ともけっして同一ではないからである。そしてなによりも，文書の分類は事務手順を無視して作られていないから，他の自治体の文書分類表は，使いづらいはずである。すなわち，同種の事務でも役所ごとにその事務手順に若干の相違はあるのが普通である。実務対応型ファイリングシステムで進めなければならないという理由がここにある。

13−6−2　全職員の研修

　ファイリングシステム導入にあたっては，全職員の理解と協力が必要なことはいうまでもない。それぞれの職務に応じた理解がぜひとも必要である。研修の種類（対象）としては，次のようなものを

参考に研修計画を立てるとよい。

① 管理職研修

管理職がファイリングシステムに理解の無い課は，一般的に導入成果も期待できない。まず管理職の理解と協力が必要である。管理職が，ファイリングシステム導入反対の旗頭であるのに遭遇したことがあるが，管理職が反対なのに，その部下が行動を起こすはずがない。

② ファイル責任者，ファイル担当者研修

これは，課と係での指導的立場にあたる職員向けの研修である。ファイル責任者，ファイル担当者を対象とする。

③ 一般職員研修

全職員向けの研修である。文書の整理分類は，その担当職員が自ら行うから全職員の参加が必要である。

ファイリングシステムは，全く新たな文書管理システムの導入であり，表現を変えれば従来の文書管理ルールの変更でもあるから，その事務に精通しているからとか，経験年数が多いからという理由で研修を受けなくともよいことにはならない。

13－7　用品・用具必要量

ファイル管理単位別の用品・用具必要量を決める。必要量(注)は，職員数及び文書量を基準とし，その他特殊事情を加味してきめる。

　＊(注)　「11－3　導入経費」参照。

13－8　問題の発生とその解決

導入主管課は，導入時に起こることが予想される問題について，その対応をあらかじめ決めておく。各課はそれぞれの事情を抱えて

いるから，それらに的確に対応しないと導入がうまく進まない。
　起こることが予想される問題とは，ファイリングシステムの直接的問題というよりも，日程が合わないとか，仕事の繁忙とかいったものが多い。その中には，ファイリングシステム導入に反対する心理的な葛藤も含まれているから，導入主管課はその対応に充分な注意が必要である。

第14章
切り換えの手順

14−1 切り換え対象文書の整理
14−1−1 年度区分
　ファイリングシステムは単年度主義[注1]である。文書の年度区分は重要である。従来数年度分を一冊にまとめてある文書綴りは、それぞれの年度に区分する。年度区分は、次のとおりである。
　(1)　切り換え対象年度文書　　　　→ キャビネット上段へ仮収納
　　　切り換え対象年度文書には、過年度文書のうち「継続文書」
　「常用文書」[注2]を含む。
　(2)　切り換え対象前年度文書　　　→ キャビネット下段へ収納
　(3)　切り換え対象前前年度以前文書 → 書庫へ片付ける
　　＊(注1)　「5−2　単年度主義と年度区分」参照。
　　＊(注2)　「5−4　継続文書と常用文書」参照。

14−1−2　キャビネット管理以外の文書
　キャビネット管理以外の文書は他の文書と区分し、文書所在カード[注]処理をする。
　図面、伝票、帳簿の類で、その形状、性格からキャビネットに収納することが困難か不適当なものは別の保管形態とし、その保管の形態と置き場所を明確にする。
　一件別に整理する文書で、一件が数十ページ数百ページになるも

のは，分冊できるかどうかを検討し，不可能な場合はキャビネット以外の適切な保管用具を考える。これらの文書も対応するフォルダーを作り，文書所在カード処理をする。

　ただし，一件別文書が多量に発生するということはなく，数冊にとどまる場合には，例外的取り扱いの排除，保管用具の一本化という観点からキャビネットに収納したほうがよい。

　＊(注)　「7－2　文書所在カード」参照。

14－2　切り換え作業

　ここでは，対象文書を新システムにのせるための実際の文書の整理，分類について述べる。

(1)　フォルダー化
　　・文書を整理する。
　　・フォルダーを作る。
　　・事務担当職員自身が行う。

作業手順1　対象文書を用意する。
　　　　　① 年度区分はきちんと行われているか，他年度文書が紛れ込んでいないかを確認する。
　　　　　② 文書所在カード処理文書は明確になっているかどうかを確認する。
　　　　　③ 継続文書・常用文書は明確に整理されているかどうかを確認する。

作業手順2　従来，フラットファイル，バインダー等に綴ってある文書をバラして，不要な文書を棄てる。
　　　　　・「通知」「会議録」あるいは「一件の起案書」等のひ

第2部　ファイリングシステムの導入と維持管理

とまとまりの文書は，ホチキスなどできちんと留める。

作業手順3　継続又は常用文書にあって，数年度分を一括しておきたい文書でも，年度ごとにフォルダーを分ける。

作業手順4　Ａ４判以上の大きな文書は，折れるものは折ってフォルダーに入れるように努力する。

・折る場合，文書のタイトルが表側になるようにする。図面，伝票，帳票類でもフォルダーに入れられるものは，フォルダーに入れるように努力する。

作業手順5　①　似たもの同士の文書をまとめて，一グループとす

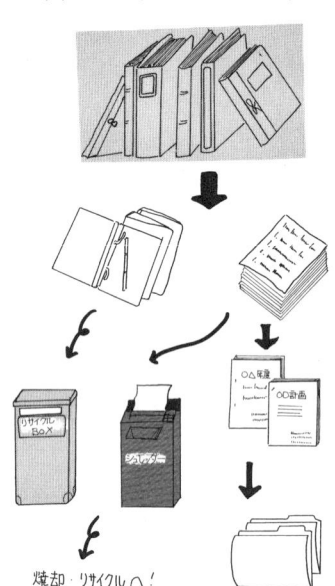

図42　フォルダーを作る。

る。多くとも一グループ50枚程度を目安に，それを超えないようにする。

② 分厚い綴りをバラす場合は，似たもの同士の文書に分けていき，50枚程度を目安にまとめる。50枚を超える場合は，さらに分冊する。

　ファイリングの文書分類において，「分ける」「まとめる」は同義語である。実際の作業においてこの両者を区分できないことが多い。勿論区分する必要もない。要は，ひとかたまり50枚程度に文書をまとめていくのである。

③ 従来インデックス等で区分してある文書は，その区分を生かして整理する。これらの文書は，「ファイリングを待っている文書」である。

作業手順6　50枚程度にまとめた文書をフォルダーに入れる。フォルダーのミミに鉛筆でファイル名を記入する。元の文書名にとらわれず，内容を明確に表すようにする。

・作業中は，同名のファイルができたり，後にファイル名を変更したりするため鉛筆書きとする。

・一冊ごとにファイル名を記入していく。後でのまとめ書きはしないほうがよい。一冊ごとにフォルダーを開いて，再度中身を確かめなくてはならないから。

作業手順7　文書をフォルダーに入れる作業が終わったら，フォルダーを一つずつ点検する。

① ファイル名は適切か。同じようなファイル名が他にもないかどうか確認する。

② 分類が適切か，使いずらくないかを確かめる。

第2部　ファイリングシステムの導入と維持管理

　　　　　図43　ファイル名を記入する

(2)　ガイド化

作業手順8　すべての文書をフォルダーに入れる作業が終わったら，フォルダーを庶務的なものと本務的なものに大分けする。

次に「7－3　文書の序列」の項を参照しながら文書の序列を作る。

作業手順9　似たもの同士のフォルダーを10冊程度にまとめ，第2ガイドをそのグループの前に立てる。グループ名をガイドに記入する。

作業手順10　第2ガイドのグループを10程度一緒にして，第1ガイドをそのグループの前に立てる。グループ名を第1ガイドに記入する。

全体を分類の公式1G×10G×10F(注)にまとめていく。

　→　作業手順8～10では，

　　① 　作業手順⑤と同様，小グループから大グループへと，大グループから小グループへ二つの方法がある。

　　② 　フォルダーのまとめにあたって，ガイドを立てることができる場合は，そのつど立てていく。

　＊(注)　「7－4　ガイドによるフォルダーのまとめ方」参照。

(3) ファイルの序列化
　　・ファイル管理単位でファイルの序列を作る。
　　・ファイル責任者，ファイル担当者の指示によって作業を進める。

作業手順11　個々の職員がまとめたガイド化したファイルを，ファイル管理単位で序列に従って並べていく。

作業手順12　ガイド化したファイルは，キャビネット上段へ，その前年度文書は，下段へ収納する(注)。

作業手順13　日常業務の中で分類（ガイド，フォルダーのまとめ方）を，試行錯誤を重ねながら改善していく。
　　　　　・ガイド，フォルダーを簡単に動かせるファイリングは，分類の改善に適している。

作業手順14　所定の切り換え期間中に，これでよいというところまで仕上げ，(仮)ファイル管理簿を作成する。

作業手順15　最後にガイドおよびフォルダーラベルを貼付して切り換え作業を終わる。

　＊(注)「9－1　ファイルの収納」参照。

(4) ファイル管理簿の作成

　切り換え作業中（作業手順14）に，(仮)ファイル管理簿を作成する。

　(仮)ファイル管理簿は，第1ガイド，第2ガイド，フォルダーの各タイトルを，キャビネットに収納されている序列そのままを書き取ることにより作成する。

　作成した(仮)ファイル管理簿は，年度末までに変更があった場合には修正し，正規のものとする。ファイル管理簿の作成基準日は

3月31日である^(注)。

*(注) 「6－3－3　ファイル管理簿作成の基準日」参照。

14－3　切り換え作業の進行管理

　切り換え作業は，主務課が決められた日程に従って実行する。この間導入主管課は，切り換え作業の進行管理をする必要がある。切り換え作業日程に基づき，作業工程をきちんと管理する。

　切り換え途中，文書は不安定な状態に置かれている。それに伴い事務に支障の起こる可能性があり，できるかぎり速やかに切り換え作業を終了させなければならない。切り換え作業が長引くと，事務に支障が生じファイリングシステムに不信感が起こることにもなる。それがまた作業を遅らせ，作業が遅れればそれだけまた事務に支障が出るといった，悪循環に陥ることになるので充分な注意が必要である。これがきちんとした進行管理を欠かせない理由である。

　次表は，進行管理の一例である。導入主管課による三回の点検作業と，切り換え作業項目の終了期限を表にしたものである。一回ごとの間隔は，一月を超えない日時が適当である。

第14章　切り換えの手順

切り換え作業　進行管理表

作　業　項　目	点　検　作　業		
	第 1 回 〇〇月〇〇日 までに終了	第 2 回 〇〇月〇〇日 までに終了	第 3 回 〇〇月〇〇日 までに終了
事務室内整理整頓 ・不要文書の廃棄 ・不要物品の撤去			
対象文書の確認 ・年度区分 ・過年度文書の撤去 ・フォルダー収納文書 　適否区分			
文書のフォルダー化 ・フォルダー化作業 ・仮ファイル名記入 ・文書所在カード処理			
ガイド化 ・グルーピング ・ガイドを立てる ・仮ガイド名記入			
管理単位で序列化 ・ガイドの序列化 　（全体作業） 仕上げ作業 ・全作業点検・確認 ・ラベル貼付			
仮ファイル管理簿作成	作成は，仕上げ作業終了後。提出日　〇〇月〇〇日。		

第15章
ファイリングシステム導入の記録

　ファイリングシステム導入記録の編集をお薦めする。役所においては，縦割り行政の大きな事業はあるが，部課を横断するような事業はまれである。ファイリングシステムは，全庁で関係のない部課はない大事業である。ぜひその導入記録は残しておきたいものである。

　通常，全庁一回で導入終了という例はまれであるから，記録は次回以降の指針でもあり，手引き書にもなっていく。そして，次年度以降のファイリングシステム運用の参考資料にもなるものである。

　記録する項目については，それぞれの自治体で導入過程，手法等異なるので，それに合わせた形で記録項目を選べばよい。次にその例を参考までに挙げておく。

(1)　導入経過

　時系列で，導入日誌のようなものを記録していく。

(2)　導入計画

　導入日程，導入計画，切り換え作業日程等を編集する。

(3)　導入経費

　一連の経費についてまとめる。支出は，予算科目別に行われているが，それと事業内容に対応する経費別に編集するなどである。

(4)　各課指導の問題点

　各課指導の問題点，解決案，反省点等についてまとめておく。

第15章　ファイリングシステム導入の記録

　各課のファイル責任者，担当者を集めて懇談会等を持ち，情報収集に努めるとともにそれを記録しておくとよい。
　(5)　各種データ
　　①　用品，用具
　　　　廃棄，回収，新規購入
　　②　廃棄文書
　　　　廃棄文書量
　　③　ファイルされた文書量
　(6)　写真撮影
　記録写真は，ぜひ残しておきたいものである。
　　①　導入前後の写真
　　　　事務室，書庫等において同位置から，導入前後の状況を撮影しておく。
　　②　導入状況の記録
　　　　事務室整理や，切り換え作業風景など。
　　③　その他
　　　　スナップ写真

第16章
維持管理

 ファイリングシステムを維持していくためには，常に正しい維持管理を行っていかなければならない。これを怠るとシステムは崩壊する。一般に，金銭にかかわるものは厳しい監査が求められているが，ことファイリングシステムといった文書管理になると，監査も軽視されがちなのが現状である。いうまでもなく文書管理は，金銭管理と同様に重要なものである。現在は情報公開と，それに伴う公正で開かれた文書管理が求められているのである。システムの維持管理は，けっしておろそかにしてはならない問題である。

 何事によらず，ある制度を維持していくためには，自己点検と第三者による監査が必要である。

16－1 定期点検
(1) 定期点検のポイント

 ファイリングシステムを正しく維持していくためには，各課において毎月一回程度の自己点検を促す必要がある。全庁的には，最低限年二回程度の全庁的点検が必要である。このためには，文書主管課あるいは維持管理委員会といった第三者組織があたり，正しく維持管理が行われているかどうかを点検する。

 点検のポイントは次のとおりである。
 ① 各課自己点検

ファイル責任者，ファイル担当者を中心に，毎月課内ミーティングを持ちファイリングシステムの維持管理について話し合うようにする。

　　ア　ファイリングシステムの基本が守られているか。
　　イ　文書分類は，使い良くなっているか。
　　ウ　改善点は無いか。
②　全庁的点検
〈前期点検〉
　　ア　前年度ファイル管理簿は正しく作られているか。
　　イ　移し換え，引き継ぎが正しく行われているか。
　　ウ　新年度のガイド，フォルダーは作られているか。
　　エ　ファイリングの基本事項に誤りはないか。
　　オ　新任者（新規異動者）に，課のファイリングについて説明したか。
〈後期点検〉
　　ア　ファイリングの基本が正しく行われているか。
　　イ　維持管理に遺漏はないか。
　　ウ　移し換え，引き継ぎが正しく行える状態になっているか。
③　ファイリングシステム点検表
　点検表を作成して，それにより自己点検することもよく行われている。各回ごとに重点項目を決めて，レベルアップを図ることも維持管理上有効である。

ファイリングシステム点検表

　年　　月　　日実施　　　　　　　　　部　　　　課

　評価　A：良く出来ている。　B：普通。　C：改善すべき部分がある。

　　　　　　　　　　　　　　　　　　　　　　　　　　　　評価欄

1　総　括
　・執務環境は良好か。　□
　・退庁時，文書はすべてキャビネットに入っているか。　□
　・キャビネット，ロッカーの上に物を置いていないか。　□
　・ファイリングシステムの基本が守られているか。　□
　・ファイル管理簿は，正しく作られているか。　□

2　組織的取組
　・課全体で，定例的なミーティングを行っているか。　□
　・改善すべき事項は，改善しているか。　□
　・特定の個人に，負担を負わせていないか。　□

3　保管用具（キャビネット，ファイルボックス）
　・表面には，収納文書の内容が分かる表示がしてあるか。　□
　・文書以外の物品，私物を入れていないか。　□

4　ガイド，フォルダー
　・ファイル，ガイドは良く整理されているか。　□
　・ファイ名，ガイド名は適切か。　□
　・フォルダーへの記入事項は，正しいか。漏れはないか。　□
　・フォルダー内文書の綴りに不適切なものはないか。　□
　　（不要なファスナー，紙袋，フラットファイルの使用等）

5　文書管理上のきまり
　・移し換え，引き継ぎは正しく行われているか。　□
　・文書所在カード処理は正しく行われているか。漏れはないか。　□
　・継続文書，常用文書に不適切なものはないか。　□

(2) コンサルタントの利用

　ファイリングシステムの維持管理のための点検は，きちんと行えれば誰がやってもよい理屈なのであるが，そうもいかないのが現実である。この間の事情はすべての監査に共通している。

　文書主管課あるいは維持管理委員会方式で，定期点検を行っている例もあるが，なかなかうまく機能しないのが悩みの種である。その理由は，それぞれの自治体によって異なるが，主な共通点としては，次のようなことが挙げられる。

① やはり仲間内でもあり，時によっては人事異動により立場が逆転することもある。

② 文書主管課へ異動してきた後任者が，必ずしもファイリングシステムに理解があるとは限らない。

③ 文書主管課の職員の精神的，時間的負担が大きい。

　こんなことから，コンサルタントを利用している自治体も少なくない。さらにコンサルタントの利用は，導入時からの一貫した指導を継続できる。経費は，それなりにかかるが，システムの正しい維持管理が行えることに加えて，上に述べた問題等も解決できるのでそのメリットは少なくない。

　ファイリングシステムの維持管理にも，それなりの経費が必要なことはいうまでもない。

16－2　移し換え，引き継ぎ

(1) 移し換え，引き継ぎの励行

　ファイリングシステムにおいて，もっとも重要なのは発生してから廃棄に至る文書の流れの確保にある。この文書の流れの確保において一番重要なのが「移し換え」「引き継ぎ」である。毎年度きち

んと移し換えと，引き継ぎを行わないとシステムは崩壊する。多忙だからということで，移し換え，引き継ぎを5月を過ぎてもやっていない例をよく目にする。4月からは新年度文書が発生しているので，両年度の文書が入り乱れとてもファイリングシステムという状態にない。文書主管課は，この移し換え，引き継ぎの励行に強い態度で臨まなければいけない。

会計監査において，「忙しいから，ちょっと待ってくれ」などという要求が通ったことは聞いたことがない。ファイリングシステムも同様である。

(2) 移し換え，引き継ぎの趣旨の徹底

移し換え，引き継ぎの励行を確保するため，毎年度末全庁に向けて趣旨の徹底を図る。具体的作業方法の指示のための説明会を開くことも必要である。漫然と主務課任せにしておいたのでは，移し換え，引き継ぎは正しく行われない。

16—3　新任・異動者研修

ファイリングシステムでは，実際の文書のファイル作業は担当職員一人一人が行うのであるから，その担当職員一人一人にファイリングシステムの知識が要求される。そのための研修はぜひとも必要である。

新任・異動者研修は，その研修の趣旨からいっても少なくとも毎年度一回は行いたい。新任研修と異動者研修の意義は異なるが，実務的には一緒に行う場合も多い。この場合研修の主催者側にその意義を理解した配慮が求められる。

(1) 新任研修

ファイリングシステムの基本についての研修を行う。文書事務一般研修の一環として行うことも良いであろう。

ここでいう新任研修の対象者は、新規採用職員のみならず在職者であっても、一度もファイリングシステムについての研修を受けていない者をさす。担当職務に経験を積んでいようとも、ファイリングシステムの知識はそれとは異なったものであるからである。

(2) 異動者研修

異動者は既にファイリングシステムの実務経験を経ている者であるが、その実務経験にも個人差がある。また、職務上の任務が全く異なることもあり、それに伴う文書管理上の任務の異動もある。このように異動者の状況は様々である。

このような状況にあって、異動者研修は異動を機会にあらためてファイリングシステムの基本を見直すとともに、新たな任務に対応するファイリングシステムの任務を認識させようとするものである。

16－4　事務改善

ファイリングシステム導入後は、文書の組織的管理や客観的分類に伴い、従来の事務執行の誤りや、改善すべき点に気づくことが多い。このような場合積極的な事務改善が望まれる。言葉をかえていえば、ファイリングシステムの導入は、事務改善のよいチャンスである。このチャンスを無駄にやり過ごす手はない。

このチャンスに、文書作成・帳票設計等におけるA判化を忘れてはならない。A判化は国の施策でもある。ファイリングシステム導入はまたとないチャンスである。因みに、A判化ということで、B

5判の帳票をＡ５判に直した例を見かけたがどうであろう。ある市では，予算見積もり関連の用紙をＢ４判からＡ３判に変えた。これもＡ判化への努力であろうか。Ａ判化はＡ４判化が正しい道である。

終　章
ファイリングシステムの常識・非常識

　巷間行われているファイリングシステムには，誤解，あるいはこうあるべきだという思いこみが多い。それらの事項については本書の中でふれてきたが，いまここに，それらのなかのいくつかをクイズ形式でまとめてみた。人により異なった意見もあろうかと思うが，ファイリングシステムを考え直すよすがとなれば幸いである。

ファイリングシステムの常識・非常識　「○×△」さてどっち？

〔その1〕　事務担当者がきちんと文書管理していれば，ファイリングシステム導入の必要はない。すくなくとも導入の意義はうすい。

解説　①　管理職がよくこう言いますね。それでうまくいっているのなら何の問題もないのですが，うまくいっていない事が問題なのです。
　　　②　文書管理は組織的管理が必要なのです。良好な個人的管理がいくら集まっても（そんな状況は不可能なのですが），組織的管理にはなりません。正確なファイル管理簿の作成などまず夢です。

　　　　　　　　　　　　　　　　　　　答　×

第2部　ファイリングシステムの導入と維持管理

〔その2〕　ファイリングシステムを導入すると，文書整理に追われ，また事務がやりづらくなることが多く困る。

解説　①　正確な事務の執行は，正確な文書管理なしには成立しないのではないでしょうか（文書主義の原則）。ファイリングシステムによって事務がやりづらくなるとは，事務が不完全の証しではないでしょうか。

　　　②　情報公開は，行政の説明責任を求めています。事務の執行と説明責任は表裏一体のものです。説明責任は，主に文書で行われます。正確な文書の整理・開示なくして説明責任ははたせません。

答　×

〔その3〕　文書管理（ファイリング）は，事務の効率化や知的生産性の向上等への手段であって，それ自体目的ではない。またそうあってはならない。

解説　①　文書管理は，事務と表裏一体のものであり，官公庁においてはその効率化や知的生産性の向上への目的となることもあり得る。

　　　②　情報公開や行政の説明責任は，正確な文書管理なくしてありえないから，この意味で文書管理自体が目的となりうる。

答　×

〔その4〕　仕事を進めていく上で個人的に作成・収集・加工した資料類は，個人的な文書だからファイリングシステムの対象外である。

終　章　ファイリングシステムの常識・非常識

解説　①　行政機関の職員が職務上作成取得したものであれば，その作成取得が個人的なものか否かを問わず行政文書であり，ファイリングシステムの対象外であることにはならない。
　　　②　たとえ作成した資料が，行政文書の附属的資料であっても，附属資料であることをもって情報公開の対象外文書とはならない。

答　×

〔その5〕　文書の分類は，たとえばUDC（国際十進分類法）に準じた理想的なものを追求すべきである。
解説　①　ファイリングシステムにおける実務的文書の分類と，図書類（完全に特定された文書）の分類は自ずから異なったものである。
　　　②　実務上のファイル管理は，業務の内容，事務手続き等から無関係では成り立たない。そしてこれらの状況は，流動的である。
　　　　　これに対し不特定な相手を対象にする図書類のような分類は，長期的普遍的な基準が必要である。UDCは，参考にはなってもファイル管理の基準とはできない。

答　×

〔その6〕　自治体は，だいたいどこも同じ仕事をしているのだから，先進自治体の文書分類表を参考にしてファイリングシステムの導入を進めるのがよい。
解説　①　組織体は生きものである。それぞれが個性を持っている。その規模，事務環境等も一様ではない。すべての組織に共

通する文書分類表など存在しない。
② 文書分類の基準は、現行組織で実際に行われている実務の他にまさるものはない。一つには、文書は実際の実務の中から生まれるものであり、二つには、文書は事務を投影した記録だからである。

ただし、実際に行われている実務が正しいか否かは、別の問題である。

答　×

〔その7〕　同一出先機関（保育所、公民館、学校、幼稚園等）においては、同一の分類表によるべきである。
解説　①　同一出先機関は、全く同様の仕事をしているとの誤解がある。その規模、職員構成、地区環境等が異なり、まったく同様の出先機関など存在しない。したがって、すべての機関に共通する文書分類表などできない。
②　分類の基準を作るとすれば、ゆるやかな文書の序列を決めるに止めるべきである。統一的な分類表を作って強制してはならない。強制すればするほど、たてまえと現実の溝が深まっていくからである。

答　×

〔その8〕　保存期間は、庁内全文書につき文書主管課が統一的に決めるべきである。
解説　①　当該文書の保存期間は、基本的にはその文書の決裁権者が決めるべきものである。事案の対外的な対応、情報公開においても同様である。

　　　　当該文書に責任を持つのは，文書主管課ではなく業務の
　　　主務課である。
　　② 統一的に決めることができるのは，年次休暇簿などのよ
　　　うな，全庁に共通的な文書に限られる。

　　　　　　　　　　　　　　　　　　　　　　答　×

〔その9〕 原本がある場合，コピー文書を持つのは基本的に好まし
　　　　くない。ファイリングシステムにおいては，文書の共有化
　　　　が必要である。
解説　① コピー文書の使用例は多く，ごく普通に行われている。
　　　ある事業を想定してみよう（市民祭り）。その事業計画の
　　　日程，予算等の決裁文書（原本）が使われることはまずな
　　　い。決裁文書のコピーをもって，関係課は行動する。
　　　　コピー文書使用の是非は，つまりコピーすることの適否
　　　にかかわる問題である。コピー文書を持つのは基本的に好
　　　ましくない，ということにはならない。
　　② 当該文書の保存期間については，原本とコピーでは区別
　　　しなければならない。
　　　　コピーは，その活用終了後できるだけ早く廃棄すること
　　　が望ましい。

　　　　　　　　　　　　　　　　　　　　　　答　×

〔その10〕 ファイリングシステムでは，目的の文書（ある特定の文
　　　　書）を短時間で探し出せるのが，よいファイリングといわ
　　　　れている。
解説　① 探し出す目的の文書が，フォルダー単位であれば回答は

「○」であるが，個々の文書となるとそうはいえない。フォルダー化やファイル名の命名が，正しく適切に行われていないと簡単には探し出せない。

② 使用頻度の面から文書を見ると，頻繁に使用するものから廃棄までほとんど使用しないものまで千差万別である。フォルダー化するにあたり，使用頻度に対応した分類をすることに問題はない。

使用頻度が高いものは，分類もそれなりに細分化しなければならないが，使用頻度の低いものは，（誤解を恐れずに言えば）大雑把でよい。後日探す必要が起こったときに若干の時間を要することになるが，それはそれでよい。

答　△

〔その11〕　役所の仕事は連続して毎年度同じものの繰り返しが多いから，これらの文書は，何年分も事務担当者が一括持っていた方がよい。

解説　① 従来の文書管理はそうであった。しかし，情報公開のもとでは年度区分による客観的な文書管理が求められている。

② 従来の私的管理の弊害は，事務担当者の利便性をはるかに上回る。また，両者を比較することも問題である。私的管理は，行政の公正と透明性の確保にも反する。

答　×

〔その12〕　使用後の文書で，軽易なもの不要なものは，こまめに棄てていくことが必要である。ファイリングシステムすなわちステリングシステムと言われるゆえんである。

終　章　ファイリングシステムの常識・非常識

解説　①　一覧後不要となった通知，重複文書，メモ等不要文書の存在は，正規の文書の活用を妨げる。こまめに棄てていくことが必要である。
　　　②　ただし，ルールに従って廃棄しなければならない。役所側のご都合主義は，厳に戒めなければならない。事件が起きてから，関係文書を廃棄するなど論外である。

答　○

おわりに

　ファイリングシステムは，実践である。試行錯誤の繰り返しで築き上げていくものである。その基本はあくまでもその元となる実務に対応したものでなければならない。ファイリングシステムを導入した自治体の数だけ他と異なったファイリングシステムが存在する。それでよいのである。

　拙著は，私の東京都庁における体験と，八板記録管理研究所でのコンサルタントとしての実践をつうじて生まれたものである。情報公開に対し，それぞれの自治体の個性あるファイリングシステムの創造に少しでも役立つことを願っている。

　最後に，資料収集をはじめいろいろな協力を頂いた石澤一治さん，および出版の機会を与えてくださった信山社出版の渡辺氏に心からお礼を申しあげます。

　また，情報提供を頂いたつくば市の関係者の方々に紙上をかりてお礼を申しあげます。

　　平成17年6月

　　　　　　　　　　　　　　　　　　　　　　　岩 谷 伸 二

〈参考図書〉
本書を執筆するにあたり参考としたもの。
　三沢　仁・五訂ファイリングシステム（NOMA総研）
　作山宗久・文書のライフサイクル（法政大学出版部）
　抜山勇＝作山宗久・文書管理と法務（ぎょうせい）
　廣田傳一郎・自治体ファイリングシステム（ぎょうせい）
　宇賀克也・情報公開法の逐条解説（有斐閣）
　平野秀康・自治体のIT戦略（学陽書房）
　東京都文書事務の手引（東京都総務局）
　東京都情報公開事務の手引（東京都生活文化局）

〈付録1〉主な行政文書の保存期間一覧

所管庁	対象文書	保存期間
人事院	国家公務員法第60条（臨時的任用）の規定に基づき取得した申請書及び承認書	3年を経過する日
人事院	国家公務員法第81条の3（定年による退職の特例）の規定に基づき取得した申請書及び承認書	3年を経過する日
人事院	国家公務員法第85条（刑事裁判との関係）の規定に基づき取得した申請書及び承認書	3年を経過する日
人事院	給与法第19条の6から第19条の8（期末手当，勤勉手当，期末特別手当の支給）まで又は第23条（休職者の給与）の規定に基づき作成した処分説明書の写し	5年を経過する日
人事院	給与法第20条（俸給の更生決定）の規定に基づき取得した命令書	5年を経過する日
人事院	給与法第21条（審査の申立て）又は第22条（非常勤職員の給与）の規定に基づき取得した申請書及び承認書	5年を経過する日
人事院	人事院規則9－5（給与簿）第2条，第3条，第5条又は第8条の規定に基づき作成した出勤簿及び給与簿	5年を経過する日
人事院	人事院規則9－5（給与簿）第17条の規定に基づき取得した申請書及び承認書	3年を経過する日
人事院	人事院規則9－5（給与簿）第17条の規定に基づき取得した報告書	1年を経過する日
人事院	人事院規則9－5（給与簿）第18条の規定に基づき作成した初任給の決定に関する調書	5年を経過する日

〈付録1〉 主な行政文書の保存期間一覧

保存開始日	保存主体	保存期間を定めた法令名・法令番号及び条項
臨時的任用の終了した日の属する年度の翌年度の初日から		人事管理文書の保存期間（平成13年人事院規則1-34）別表（第3条関係）
法第81条の3の規定による勤務の終了した日の属する年度の翌年度の初日から		人事管理文書の保存期間（平成13年人事院規則1-34）別表（第3条関係）
懲戒処分が行われた日又は懲戒処分を行わないことが決定された日から		人事管理文書の保存期間（平成13年人事院規則1-34）別表（第3条関係）
処分説明書作成の日から		人事管理文書の保存期間（平成13年人事院規則1-34）別表（第3条関係）
取得の日から	人事院，国家公務員倫理審査会，行政機関等	人事管理文書の保存期間（平成13年人事院規則1-34）別表（第3条関係）
承認の効力が失われた日から		人事管理文書の保存期間（平成13年人事院規則1-34）別表（第3条関係）
作成の日から		人事管理文書の保存期間（平成13年人事院規則1-34）別表（第3条関係）
取得の日から		人事管理文書の保存期間（平成13年人事院規則1-34）別表（第3条関係）
取得の日から		人事管理文書の保存期間（平成13年人事院規則1-34）別表（第3条関係）
離職の日から		人事管理文書の保存期間（平成13年人事院規則1-34）別表（第3条関係）

〈付録1〉 主な行政文書の保存期間一覧

人事院	人事院規則9－7（俸給等の支給）第13条の規定に基づき作成した超過勤務等命令簿	5年を経過する日の属する月の翌月の俸給の支給定日
人事院	人事院規則9－24（通勤手当）第3条の規定に基づき取得した通勤届	5年を経過する日
人事院	人事院規則9－24（通勤手当）第4条の規定に基づき作成した通勤手当認定簿	5年を経過する日
人事院	人事院規則9－24（通勤手当）第22条の規定に基づき取得した報告書及び通勤手当認定簿の写し	1年を経過する日
人事院	特殊勤務手当、期末手当、勤勉手当、休日給、調整手当、住居手当、扶養手当等については同様の保存期間が設けられている	
人事院	人事院規則10－3（職員の研修）第8条の規定に基づき作成した記録書	3年を経過する日
人事院	人事院規則10－3（職員の研修）第9条の規定に基づき取得した報告書	3年を経過する日
人事院	人事院規則11－8（職員の定年）第8条から第10条の規定に基づき取得した同意書及び通知書	3年を経過する日
人事院	人事院規則11－8（職員の定年）第13条の規定に基づき取得した報告書	3年を経過する日
人事院	人事院規則11－9（定年退職者等の再任用）第5条の規定に基づき取得した同意書	3年を経過する日
人事院	人事院規則11－9（定年退職者等の再任用）第7条の規定に基づき取得した報告書	3年を経過する日
人事院	人事院規則12－0（職員の懲戒）第6条又は第7条の規定に基づき取得した通知書及び処分説明書の写し	3年を経過する日

〈付録1〉 主な行政文書の保存期間一覧

作成の日から		人事管理文書の保存期間（平成13年人事院規則1-34）別表（第3条関係）
届出に係る用件を具備しなくなった日から		人事管理文書の保存期間（平成13年人事院規則1-34）別表（第3条関係）
支給用件を具備しなくなった日から		人事管理文書の保存期間（平成13年人事院規則1-34）別表（第3条関係）
取得の日から		人事管理文書の保存期間（平成13年人事院規則1-34）別表（第3条関係）
		人事管理文書の保存期間（平成13年人事院規則1-34）別表（第3条関係）
作成の日から	人事院，国家公務員倫理審査会，行政機関等	人事管理文書の保存期間（平成13年人事院規則1-34）別表（第3条関係）
取得の日から		人事管理文書の保存期間（平成13年人事院規則1-34）別表（第3条関係）
法第81条の3の規定による勤務の終了した日の属する年度の翌年度の初日から		人事管理文書の保存期間（平成13年人事院規則1-34）別表（第3条関係）
取得の日から		人事管理文書の保存期間（平成13年人事院規則1-34）別表（第3条関係）
再任用の終了した日の属する年度の翌年度の初日から		人事管理文書の保存期間（平成13年人事院規則1-34）別表（第3条関係）
取得の日から		人事管理文書の保存期間（平成13年人事院規則1-34）別表（第3条関係）
取得の日から		人事管理文書の保存期間（平成13年人事院規則1-34）別表（第3条関係）

〈付録1〉 主な行政文書の保存期間一覧

人事院	人事院規則12-0（職員の懲戒）第8条の規定に基づき取得した確認資料の写し	3年を経過する日
人事院	人事院規則15-14（職員の勤務時間，休日及び休暇）の規定に基づき作成した勤務時間の申告簿，勤務時間の割振り簿，週休日の振替等の内容を明らかにする文書，指定簿，休暇簿及び計画表	3年を経過する日
人事院	人事院規則15-15（非常勤職員の勤務時間及び休暇）第5条の規定に基づき作成した通知書の写し	3年を経過する日
総務省	支部報告書，支部総括書，監査意見書	5年を経過する日
総務省	収支報告書及び監査意見書	3年を経過する日
総務省	選挙録	当該選挙に係る議員又は長の任期間
総務省	会計帳簿，明細書，領収書，その他の支出を証すべき書面	3年
総務省	選挙会又は選挙分会に関する書類	当該選挙に係る議員又は長の任期間
総務省	電磁的記録媒体に記録された発行記録に係る電子証明書（法第8条）	10年
総務省	電磁的記録媒体に記録された失効申請書等情報の記録（法第11条）	電子証明書の有効期間の満了の日まで
総務省	電磁的記録媒体に記録された異動等失効情報の記録（法第12条）	電子証明書の有効期間の満了の日まで
総務省	電磁的記録媒体に記録された記録誤り等に係る情報の記録（法第13条）	電子証明書の有効期間の満了の日まで

〈付録1〉 主な行政文書の保存期間一覧

懲戒処分が行われた日から		人事管理文書の保存期間（平成13年人事院規則1-34）別表（第3条関係）
作成の日から	人事院，国家公務員倫理審査会，行政機関等	人事管理文書の保存期間（平成13年人事院規則1-34）別表（第3条関係）
通知した日から		人事管理文書の保存期間（平成13年人事院規則1-34）別表（第3条関係）
総務大臣が要旨の公表をした日から	都道府県選挙管理委員会	政党助成法（平成6年法律5号）第32条第3項
要旨公表の日から	総務大臣，都道府県選挙管理委員会	政治資金規正法（昭和23年法律194号）第20条の2
	選挙管理委員会，中央選挙管理委員会，都道府県選挙管理委員会	公職選挙法（昭和25年法律100号）第83条第2項，第3項
報告書提出の日から	出納責任者	公職選挙法（昭和25年法律100号）第191条
	選挙管理委員会，中央選挙管理委員会，都道府県選挙管理委員会	公職選挙法施行令（昭和25年政令89号）第86条第1項
有効期間の満了すべき日の翌日	都道府県知事	電子署名に係る地方公共団体の認証業務に関する法律施行令（平成15年政令408号）第2条
記録の日から	都道府県知事	電子署名に係る地方公共団体の認証業務に関する法律施行令（平成15年政令408号）第3条
記録の日から	都道府県知事	電子署名に係る地方公共団体の認証業務に関する法律施行令（平成15年政令408号）第4条
記録の日から	都道府県知事	電子署名に係る地方公共団体の認証業務に関する法律施行令（平成15年政令408号）第5条

〈付録1〉 主な行政文書の保存期間一覧

総務省	発行者署名符号の漏えい等に係る情報の電磁的記録（法第14条）	電子証明書の有効期間の満了すべき日まで
総務省	失効情報ファイル（法第16条）	10年
総務省	排出水の汚染状態の水質測定記録表	3年
総務省	自治省令で定めるものを記載した帳簿（電磁的記録でもよい。）	試験事務を廃止するまで
総務省	報酬を受けたときは領収書の副本	5年
総務省	贈与等報告書，株取引等報告書，所得等報告書等	5年を経過する日まで
総務省	本人確認情報の提供先，提供を行った年月日，提供した件数，提供の方法につき作成された報告書	5年間（閲覧に供する。）
総務省	指定情報処理機関における本人確認情報の提供状況についての報告書	5年間（閲覧に供する。）
総務省	法第31条の21の帳簿（本人確認情報の提供先，提供を行った年月日，件数，提供の方法）	本人確認情報処理事務等を廃止するまで
総務省	傍受の原記録	提出の日から5年を経過する日又は事件の終結の日から6月を経過する日の最も遅い日まで
総務省	著作権管理事業に係る貸借対照表，事業報告書，その他の文部科学省令で定める書類	5年
総務省	調査票の内容が転写されている電磁的記録，結果原表又は結果原表が転写されているマイクロフィルム若しくは電磁的記録	永年

〈付録1〉 主な行政文書の保存期間一覧

情報を記録した日から	都道府県知事	電子署名に係る地方公共団体の認証業務に関する法律施行令（平成15年政令408号）第6条
作成した日から	都道府県知事	電子署名に係る地方公共団体の認証業務に関する法律施行令（平成15年政令408号）第7条
	水道水源特定事業場から排出水を排出する者	特定水道利水障害の防止のための水道水源水域の水質の保全に関する特別措置法施行規則（平成6年総理府令25号）第6条第2号
	委任都道府県知事	行政書士法施行規則（昭和26年総理府令5号）第2条の10第2項
作成の日から	行政書士	行政書士法施行規則（昭和26年総理府令5号）第10条
提出すべき期間の末日の翌日から起算	各省庁の長，又はその委任を受けた者	国家公務員倫理法（平成11年法律129号）9条第1項
	都道府県	住民基本台帳法施行規則（平成11年自治省令35号）第21条
	指定情報処理機関	住民基本台帳法施行規則（平成11年自治省令35号）第27条
	指定情報処理機関	住民基本台帳法施行規則（平成11年自治省令35号）第31条第2項
	裁判官	犯罪捜査のための通信傍受に関する法律（平成11年法律137号）27条第1項
備え置く期間	著作権等管理事業者	著作権等管理事業法（平成12年法律131号）第18条第1項
	統計局長	国勢調査施行規則（昭和50年総理府令21号）第8条

〈付録1〉 主な行政文書の保存期間一覧

総務省	調査票	3年
総務省	調査票の内容が転写されている電磁的記録，結果原表又は結果原表が転写されているマイクロフィルム若しくは電磁的記録	永年
総務省	調査票	3年
総務省	集計表	5年
総務省	調査票その他の関係書類	1ヶ月（地方公共団体の長は必要に応じ公表後1年まで保存期間を延長することができる。）
法務省	除籍簿	80年
法務省	法11条の規定により再製された戸籍又は除かれた戸籍の原戸籍	1年
法務省	法11条の2第1項の規定により再製された戸籍又は除かれた戸籍の原戸籍	80年
法務省	法11条の2第2項の規定により再製された戸籍又は除かれた戸籍の原戸籍	1年
法務省	戸籍又は除かれた戸籍の副本	80年
法務省	受附帳	50年
法務省	届書，申請書その他の書類で非本籍人に関するもの	1年
法務省	届書，申請書その他の書類で本籍人に関するもの	27年
法務省	管轄法務局，地方法務局又は支局が送付を受けた戸籍又は除かれた戸籍の副本	5年（49条2項の例外）を経過したものは廃棄することができる。

〈付録1〉 主な行政文書の保存期間一覧

	統計局長	国勢調査施行規則（昭和50年総理府令21号）第8条
	統計局長	事業所・企業統計調査規則（昭和56年総理府令26号）第19条
	統計局長	事業所・企業統計調査規則（昭和56年総理府令26号）第19条
公表後	総務大臣	地方公務員給与実態調査規則（昭和33年総理府令57号）第14条2項
公表後	総務大臣，地方公共団体の長	地方公務員給与実態調査規則（昭和33年総理府令57号）第14条1項
当該年度の翌年から	市長村長	戸籍法施行規則（昭和22年司法省令94号）第5条第4項
当該年度の翌年から	市長村長	戸籍法施行規則（昭和22年司法省令94号）第10条の2第1項
当該年度の翌年から	市長村長	戸籍法施行規則（昭和22年司法省令94号）第10条の2第2項
当該年度の翌年から	市長村長	戸籍法施行規則（昭和22年司法省令94号）第10条の2第3項
第5条の準用	管轄法務局，地方法務局，支局	戸籍法施行規則（昭和22年司法省令94号）第18条
当該年度の翌年から	市長村長	戸籍法施行規則（昭和22年司法省令94号）第21条第3項
当該年度の翌年から	市長村長	管轄法務局，地方法務局 戸籍法施行規則（昭和22年司法省令94号）第48条第3項
当該年度の翌年から	管轄法務局，地方法務局，支局	戸籍法施行規則（昭和22年司法省令94号）第49条第2項
当該戸籍に関する書類で市町村長が受理し又は送付を受けた年度の翌年から	管轄法務局，地方法務局，支局	戸籍法施行規則（昭和22年司法省令94号）第49条の2

〈付録1〉 主な行政文書の保存期間一覧

法務省	戸籍の記載を要しない事項について受理した書類のうち、届出によって効力を生ずべき行為に関するもの	50年
法務省	戸籍の記載を要しない事項について受理した書類のうち、届出によって効力を生ずべき行為に関するもの以外	10年
文科省	児童,生徒,学生又は幼児の健康診断票	5年
文科省	職員の健康診断票	5年
文科省	指導要録及び写しのうち入学,卒業等の学籍に関する記録	20年
文科省	第15条第1項の表簿(法第12条の3第2項の抄本又は写しを除く。)	5年
	第1号　学校に関係ある法令	
	第2号　学則,日課表,教科用図書配当表,学校医執務記録簿,学校歯科医執務記録簿,学校薬剤師執務記録簿及び学校日誌	
	第3号　職員の名簿,履歴書,出勤簿,担任学級,担任の教科又は科目及び時間表	
	第4号　指導要録,その写し及び抄本並びに出席簿及び健康診断に関する表簿	
	第5号　入学者の選抜及び成績考査に関する表簿	
	第6号　資産原簿,出納簿,経費の予算決算についての帳簿,図書機械器具,標本,模型等の教具の目録	
	第7号　往復文書処理簿	
文科省	施行令第31条(学校廃止後の書類の保存)による指導要録及びその写し	保存期間は第15条第2項の保存期間から当該学校において保存していた期間を控除した期間

〈付録1〉 主な行政文書の保存期間一覧

当該年度の翌年から	市町村長	戸籍法施行規則（昭和22年司法省令94号）第50条2項
当該年度の翌年から	市町村長	戸籍法施行規則（昭和22年司法省令94号）第50条2項
ただし，2項の規定により送付を受けたもの（進学児童等）については進学前の学校を卒業した日から5年	学校	学校保健法施行規則（昭和33年文部省令18号）第6条第4項
	学校の設置者	学校保健法施行規則（昭和33年文部省令18号）第12条第3項
	学校	学校教育法施行規則（昭和22年文部省令11号）第15条第2項ただし書き
		学校教育法施行規則（昭和22年文部省令11号）第15条第2項
	学校	学校教育法施行規則（昭和22年文部省令11号）第15条第3項

〈付録1〉 主な行政文書の保存期間一覧

文科省	第12条第3項	相当期間
	第1号　教員資格認定合格者原簿	
	第2号　受験願書，合格証書の書換え又は再交付に関する申請書及び合格証明書の交付に関する申請書	
	第3号　合格の決定の取消しに関する書類	
	第4号　その他認定試験の実施に関する主な書類	
文科省	法第10条第1項の記録（文書，磁気テープその他の記録媒体）	5年
文科省	調査票，集計表の内容を記録した電磁的記録	5年
文科省	調査票，集計表	1年
文科省	関係書類	1年
文科省	調査票その他関係書類	1年
文科省	調査票の内容を記録した電磁的記録	5年
文科省	関係書類	1年
厚労省	診療録	5年
厚労省	診療録	5年
厚労省	助産録	5年

〈付録1〉 主な行政文書の保存期間一覧

	認定試験を行った大学	教員資格認定試験規程（昭和48年文部省令17号）第12条第3項
特定胚の作成又は譲受後		ヒトに関するクローン技術等の規制に関する法律施行規則（平成13年文部科学省令82号）第5条第4項
公表の日から	文部科学大臣	学校教員統計調査規則（昭和28年文部省令12号）第10条第1項
公表の日から	文部科学大臣	学校教員統計調査規則（昭和28年文部省令12号）第10条第1項
公表の日から	都道府県の教育委員会	学校教員統計調査規則（昭和28年文部省令12号）第10条第2項
公表の日から	文部科学大臣	学校基本調査規則（昭和27年文部省令4号）第13条第1項
公表の日から	文部科学大臣	学校基本調査規則（昭和27年文部省令4号）第13条第1項
公表の日から	都道府県知事，都道府県の教育委員会	学校基本調査規則（昭和27年文部省令4号）第13条第2項
	病院又は診療所の管理者，医師	医師法（昭和23年法201号）第24条第2項
	病院又は診療所の管理者，歯科医師	歯科医師法（昭和23年法202号）第23条第2項
	病院，診療所又は助産所の管理者，助産師	保健師助産師看護師法（昭和23年法203号）第42条第2項

〈付録1〉 主な行政文書の保存期間一覧

厚労省	救急救命処置録	5年
厚労省	原爆被爆者健康診断に関する記録	5年
厚労省	健康診断に関する記録	5年
厚労省	厚生労働大臣に報告した副作用等に関する事項の根拠となった資料	5年
厚労省	歯科技工指示書	2年
厚労省	診療に関する諸記録	2年
厚労省	診療に関する諸記録，病院の管理及び運営に関する諸記録	2年
厚労省	衛生検査所に関する書類の保存（第12条第14号及び15号の書類）	2年
厚労省	帳簿	2年
厚労省	帳簿	2年
厚労省	帳簿	2年
厚労省	帳簿	2年
厚労省	記録	2年

〈付録1〉 主な行政文書の保存期間一覧

記載の日から	厚生労働省令で定める機関につき厚生労働大臣が指定する者, 救急救命士	救急救命士法(平成3年法36号)第46条第2項
	都道府県知事	原子爆弾被爆者に対する援護に関する法律施行規則(平成7年厚生省令33号)第11条
受診者が当該事業者の行う事業, 学校又は施設を離れたときから, その他の健康診断については健康診断を行ったときから	事業者, 学校, 施設の長, その他の実施者	結核予防法施行規則(昭和26年厚生省令26)第6条
厚生労働大臣に報告した日から	外国製造承認取得者	薬事法施行規則(昭和36厚生省令1)第26条の12第2項
当該歯科技士が終了した日から	病院, 診療所又は歯科技工所の管理者	歯科技工士法(昭和30年法168号)第19条
備え付け期間	病院の管理者	医療法施行規則(昭和23年厚生省令50号)第20条第10号
備え付け期間	特定機能病院の管理者	医療法施行規則(昭和23年厚生省令50号)第22条の3第2号, 第3号
	衛生検査所の管理者	臨床検査技師, 衛生検査技師等に関する法律施行規則(昭和33年厚生省令24号)第12条の3
最終の記載の日から	麻薬営業者	麻薬及び向精神薬取締法(昭和28法律14号)第37条第2項
最終の記載の日から	麻薬小売業者	麻薬及び向精神薬取締法(昭和28法律14号)第38条第2項
最終の記載の日から	麻薬診療施設の開設者	麻薬及び向精神薬取締法(昭和28法律14号)第39条第3項
最終の記載の日から	麻薬研究者	麻薬及び向精神薬取締法(昭和28法律14号)第40条第3項
記録の日から	向精神薬取扱者	麻薬及び向精神薬取締法(昭和28法律14号)第50条の23第4項

〈付録1〉 主な行政文書の保存期間一覧

厚労省	帳簿	2年
厚労省	帳簿	2年
厚労省	譲渡証,譲受証,電磁的記録	2年
厚労省	帳簿	2年
厚労省	譲渡証,譲受証,電磁的記録	2年
厚労省	帳簿	2年
厚労省	法第18条に規定する帳簿	登録事務を廃止するまで
厚労省	法第25条の帳簿	試験事務を廃止するまで
厚労省	法第18条に規程する帳簿	登録事務を廃止するまで
厚労省	医療法人台帳,厚生労働省令で定める書類	5年

〈付録1〉 主な行政文書の保存期間一覧

	麻薬製造業者,麻薬研究者	あへん法（昭和29法律71号）第39条
最終の記載の日から	大麻研究者	大麻取締法（昭和23法律124号）第16条の2
覚せい剤の譲受け又は譲渡の日から	覚せい剤製造業者，覚せい剤研究者，覚せい剤施用機関	覚せい剤取締法（昭和26法律252号）第18条第3項
最終の記入をした日から	覚せい剤製造業者，覚せい剤施用機関の管理者，覚せい剤研究者	覚せい剤取締法（昭和26法律252号）第28条第2項
覚せい剤原料の譲受け又は譲渡の日から	覚せい剤原料輸入業者，覚せい剤原料輸出業者，覚せい剤原料製造業者，覚せい剤製造業者，覚せい剤取扱者，覚せい剤原料研究者，覚せい剤研究者等	覚せい剤取締法（昭和26法律252号）第30条の10第3項
最終の記入をした日から	覚せい剤取締法第30条の7第1号〜5号に規定する者	覚せい剤取締法（昭和26法律252号）第30条の17第3項
	指定登録機関	言語聴覚士法に基づく指定登録機関及び指定試験機関に関する省令（平成10年厚生省令75号）第7条第2項
	指定試験機関	義肢装具士法施行規則（昭和63年厚生省令20号）第26条第2項
	指定試験機関	救急救命士法に基づく指定登録機関及び指定試験機関に関する省令（平成3年厚生省令45号）第7条第2項
医療法人の解散した日から	都道府県知事	医療法施行令（昭和23年政令326号）第5条の9

〈付録1〉 主な行政文書の保存期間一覧

厚労省	臓器の摘出又は臓器を使用した移植術を行った場合の判定等に関する記録	5年
厚労省	移植術に使用されなかった臓器の記録	5年
厚労省	移植術に関する説明記録	5年
厚労省	財務諸表等	5年
厚労省	利用者の処遇の状況に関する諸記録	2年
厚労省	試験事務に関する帳簿	試験事務を廃止するまで
厚労省	試験事務に関し厚生労働省令で定めるものを記載した帳簿（法3条の12）	試験事務を廃止するまで
厚労省	試験事務に関し厚生労働省令で定めるものを記載した帳簿（法3条の12）	登録事務を廃止するまで
厚労省	法第8条の8に規定する帳簿	登録事務を廃止するまで
厚労省	法第8条に規定する帳簿	試験事務を廃止するまで

〈付録1〉 主な行政文書の保存期間一覧

	病院又は診療所の管理者，医師	臓器の移植に関する法律（平成9年法104号）第10条第2項
	医療機関の管理者，医師	臓器の移植に関する法律施行規則（平成9年厚生省令78号）第15条第2項
	医療機関の管理者，医師	臓器の移植に関する法律施行規則（平成9年厚生省令78号）第16条第2項
事務所の備え付け期間	登録研修機関	精神保健及び精神障害者福祉に関する法律（昭和25年法123号）第19条の6の10第1項
完結の日から	精神障害者社会復帰施設	精神障害者社会復帰施設の設備及び運営に関する基準（平成12年厚生省令87号）第12条第2項
	指定試験機関	精神保健福祉士法に基づく指定試験機関及び指定登録機関に関する省令（平成10年厚生省令13号）第9条
	指定試験機関	あん摩マッサージ指圧師，はり師，きゆう師等に関する法律に基づく指定試験機関及び指定登録機関に関する省令（平成2厚生省令21号）第9条第2項
	指定登録機関	あん摩マッサージ指圧師，はり師，きゆう師等に関する法律に基づく指定試験機関及び指定登録機関に関する省令（平成2年厚生省令21号）第16条第2項
	指定登録機関	柔道整復師法に基づく指定登録機関及び指定試験機関に関する省令（平成2年厚生省令22号）第7条第2項
	指定試験機関	柔道整復師法に基づく指定登録機関及び指定試験機関に関する省令（平成2厚生省22）第18条第2項

〈付録1〉 主な行政文書の保存期間一覧

厚労省	解剖体の記録	5年
厚労省	特定容器を用いた商品の販売等(法第38条)の再商品化に関する帳簿	5年
厚労省	埋葬許可証,火葬許可証,改葬許可証	5箇年間
厚労省	薬局の管理に関する事項を記録した帳簿	3年
厚労省	医薬品の譲受及び譲渡に関する記録	3年
厚労省	設置管理基準書の交付,教育訓練の記録	3年
厚労省	給水開始前の水質検査,施設検査記録	5年
厚労省	健康診断の記録	1年
厚労省	試験事務に関する帳簿	試験事務を廃止するまで
厚労省	試験事務に関する帳簿	試験事務を廃止するまで
厚労省	第20条第1項第1号から第3号の帳簿書類	5年
厚労省	試験事務に関する帳簿	試験事務を廃止するまで

〈付録1〉 主な行政文書の保存期間一覧

遺骨の返還又は収蔵若しくは埋蔵の日から		医学及び歯学の教育のための献体に関する法律に基づく正常解剖の解剖体の記録に関する省令（昭和58年文部省令27号）第2条
1年ごとに閉鎖し，閉鎖後	特定容器利用事業者，特定容器製造事業者，特定包装利用事業者	容器包装に係る分別収集及び再商品化の促進等に関する法律施行規則（平成7年大蔵・厚生・農林水産・通産省令1号）第29条
受理した日から	墓地又は納骨堂の管理者	墓地，埋葬等に関する法律（昭和23年法律48号）第16条第1項
最終の記載の日から	薬局開設者	薬事法施行規則（昭和36年厚生省令1号）第11条の2第3項
記載の日から	薬局開設者	薬事法施行規則（昭和36年厚生省令1号）第11条の3第2項
作成の日から	医療用具の製造業者	薬事法施行規則（昭和36年厚生省令1号）第23条の2第12号
検査を行った日から	水道事業者	水道法（昭和32年法177号）第13条第2項
健康診断を行った日から	水道事業者	水道法（昭和32年法177号）第21条第2項
	指定試験機関	水道法施行規則（昭和32年厚生省令45号）第45条第2項
	指定試験機関	建築物における衛生的環境の確保に関する法律施行規則（昭和46年厚生省令2号）第19条の10
	特定建築物所有者	建築物における衛生的環境の確保に関する法律施行規則（昭和46年厚生省令2号）第20条第2項
	指定試験機関	理容師法に基づく指定試験機関及び指定登録機関に関する省令（平成10年厚生省令6号）第9条第2項

〈付録1〉 主な行政文書の保存期間一覧

厚労省	登録事務に関する帳簿	登録事務を廃止するまで
厚労省	試験事務に関する帳簿	試験事務を廃止するまで
厚労省	登録事務に関する帳簿	登録事務を廃止するまで
厚労省	試験事務に関する帳簿	試験事務を廃止するまで
厚労省	総会，理事会議事録	10年間主たる事務所に備え置く
厚労省	総会，理事会議事録	5年間従たる事務所に備え置く
厚労省	特別教育の受講者，科目等の記録	3年間
厚労省	健康診断個人票	5年
厚労省	定期自主検査の記録（動力プレス，動力駆動のシャー）	3年
厚労省	定期自主検査の記録（フォークリフト）	3年
厚労省	定期自主検査の記録（ショベルローダー）	3年
厚労省	定期自主検査の記録（ストラドルキャリヤー）	3年
厚労省	定期自主検査の記録（不整地運搬車）	3年
厚労省	定期自主検査の記録（車両系建設機械）	3年

〈付録1〉 主な行政文書の保存期間一覧

	指定登録機関	理容師法に基づく指定試験機関及び指定登録機関に関する省令（平成10年厚生省令6号）第14条第2項
	指定試験機関	美容師法に基づく指定試験機関及び指定登録機関に関する省令（平成10年厚生省令9号）第9条第2項
	指定登録機関	美容師法に基づく指定試験機関及び指定登録機関に関する省令（平成10年厚生省令9号）第14条第2項
	委任都道府県知事	クリーニング業法施行規則（昭和25年厚生省令35号）第3条の10
	理事	生活衛生関係営業の運営の適正化及び振興に関する法律（昭和32年法164号）第35条第1項
	理事	生活衛生関係営業の運営の適正化及び振興に関する法律（昭和32年法164号）第35条第1項
	事業者	労働安全衛生規則（昭和47年労働省令32号）第38条
	事業者	労働安全衛生規則（昭和47年労働省令32号）第51条
	事業者	労働安全衛生規則（昭和47年労働省令32号）第141条第3項
	事業者	労働安全衛生規則（昭和47年労働省令32号）第151条の23
	事業者	労働安全衛生規則（昭和47年労働省令32号）第151条の33
	事業者	労働安全衛生規則（昭和47年労働省令32号）第151条の40
	事業者	労働安全衛生規則（昭和47年労働省令32号）第151条の55
	事業者	労働安全衛生規則（昭和47年労働省令32号）第169条

〈付録1〉 主な行政文書の保存期間一覧

厚労省	定期自主検査の記録（高所作業者）	3年
厚労省	定期自主検査の記録（電気機関車等）	3年
厚労省	定期自主検査の記録（化学設備，附属設備）	3年
厚労省	定期自主検査の記録（アセチレン溶接又はガス集合溶接装置）	3年
厚労省	定期自主検査の記録（絶縁用保護具等）	3年
厚労省	全国調査及び特別調査の調査票を収録した磁気媒体	3年
厚労省	結果原表又は結果原表を収録した磁気媒体	永久
厚労省	地方調査の調査票又は調査票を収録した磁気媒体	3年
厚労省	結果原表又は結果原表を収録した磁気媒体	10年
厚労省	結果原表	永久
厚労省	調査票	2年
厚労省	調査票	1年
厚労省	出生小票，死亡小票	3年
厚労省	人口動態調査票	1年
厚労省	人口動態調査票及び結果原表を収録した磁気媒体	永年
厚労省	調査票，申告用ディスク，結果表	1年

〈付録1〉 主な行政文書の保存期間一覧

	事業者	労働安全衛生規則（昭和47年労働省令32号）第194条の25
	事業者	労働安全衛生規則（昭和47年労働省令32号）第231条
	事業者	労働安全衛生規則（昭和47年労働省令32号）第276条第4項
	事業者	労働安全衛生規則（昭和47年労働省令32号）第317条第4項
	事業者	労働安全衛生規則（昭和47年労働省令32号）第351条第4項
調査の期日から	厚生労働大臣	毎月勤労統計調査規則（昭和32年労働省令15号）第22条
	厚生労働大臣	毎月勤労統計調査規則（昭和32年労働省令15号）第22条
調査の期日から	都道府県知事	毎月勤労統計調査規則（昭和32年労働省令15号）第23条
	都道府県知事	毎月勤労統計調査規則（昭和32年労働省令15号）第23条
	厚生労働大臣	賃金構造基本統計調査規則（昭和39年労働省令8号）第17条第1項
調査を実施した年の6月30日から	厚生労働大臣	賃金構造基本統計調査規則（昭和39年労働省令8号）第17条第1項
調査を実施した年の6月30日から	都道府県，労働局長	賃金構造基本統計調査規則（昭和39年労働省令8号）第17条第2項
作成後	保健所長	人口動態調査令（昭和21年勅令447号）第5条第4項
調査を実施した年の翌年の1月1日から	厚生労働大臣	人口動態調査令施行細則（昭和23年厚生省令6号）第13条
	厚生労働大臣	人口動態調査令施行細則（昭和23年厚生省令6号）第13条
	厚生労働大臣	薬事工業生産動態統計調査規則（昭和27年厚生省令10号）第18条第1項

〈付録1〉 主な行政文書の保存期間一覧

厚労省	調査票,申告用ディスク,結果表を電磁的方法により記録した記録媒体	永年
厚労省	調査票,提出用ディスク	1年
厚労省	世帯名簿,調査票	1年
厚労省	世帯名簿	1年
厚労省	結果原表,調査票,結果原表を収録した磁気テープ	永年
農水省	第54条第2項に掲げる事項を農林物資の種類ごとに記載した帳簿	5年を経過する日まで
農水省	事業報告書の写し	1年間(備え付け,閲覧期間)
農水省	都道府県結果表(第16条第2項,第17条第2項)	3年
農水省	市町村結果表,都道府県結果表及び関係書類を収録した磁気テープ	10年
農水省	全国結果表	永久
農水省	調査票,市区町村結果表,都道府県結果表及び関係書類	3年
農水省	農業集落及び調査区新旧対照表並びに市町村分割地図	5年
農水省	調査客体候補名簿,調査票	3年
農水省	農林業センサス規則第19条第3項の調査票を市区町村に代わって調査期日から2年を経過した後,その残存期間保存することができる。	
農水省	調査票	3年

〈付録1〉 主な行政文書の保存期間一覧

	厚生労働大臣	薬事工業生産動態統計調査規則（昭和27年厚生省令10号）第18条第1項
	都道府県知事	薬事工業生産動態統計調査規則（昭和27年厚生省令10号）第18条第2項
	厚生労働大臣	国民生活基礎調査規則（昭和61年厚生省令39号）第14条
	都道府県知事	国民生活基礎調査規則（昭和61年厚生省令39号）第14条
	厚生労働大臣	国民生活基礎調査規則（昭和61年厚生省令39号）第14条
格付けを行った日の属する事業年度の末日から	登録格付機関	農林物資の規格化及び品質表示の適正化に関する法律施行規則（昭和25年農林省令62号）54条1項
	卸売業者	卸売市場法施行規則（昭和46年農林省令52号）18条2項
	農林水産大臣	農林業センサス規則（昭和44年農林省令39）第19条第1項
	農林水産大臣	農林業センサス規則（昭和44年農林省令39）第19条第1項
	農林水産大臣	農林業センサス規則（昭和44年農林省令39）第19条第1項
	都道府県知事	農林業センサス規則（昭和44年農林省令39）第19条第2項
	市区町村長	農林業センサス規則（昭和44年農林省令39）第19条第3項
	市区町村長	農林業センサス規則（昭和44年農林省令39）第19条第3項
	都道府県知事	農林業センサス規則（昭和44年農林省令39）第19条第4項
	取りまとめセンター長等	農林業センサス規則（昭和44年農林省令39）第19条第5項

〈付録1〉 主な行政文書の保存期間一覧

農水省	漁業経営体調査漁業従事者世帯調査の調査票	3年
農水省	結果表,一覧表,磁気テープ（調査票を除く。），整理表	5年
農水省	磁気テープ（調査票を収録したものに限る。）	10年
農水省	第15条第6項及び第7項の規定により作成した磁気テープ	10年
農水省	全国結果表	永久
農水省	調査票,調査客体名簿	3年
農水省	結果表,一覧表	5年
農水省	結果表	5年
農水省	調査票	3年
農水省	整理表,結果表,一覧表	5年
農水省	全国結果表の内容を収録した磁気テープ	10年
農水省	基礎調査票,都道府県別及び森林計画区別の結果を収録したフレキシブルディスク	5年
農水省	基礎調査票,管轄区域別結果,森林計画区別結果を収録したフレキシブルディスク	5年
農水省	基礎調査票,管轄区域別の結果を収録したフレキシブルディスク	5年
農水省	標本工場調査に係る調査票	5年

〈付録1〉 主な行政文書の保存期間一覧

	農林水産大臣	漁業センサス規則（昭和38年農林省令39号）第17条第1項
	農林水産大臣	漁業センサス規則（昭和38年農林省令39号）第17条第1項
	農林水産大臣	農林水産大臣　漁業センサス規則（昭和38年農林省令39号）第17条第1項
	農林水産大臣	漁業センサス規則（昭和38年農林省令39号）第17条第1項
	農林水産大臣	漁業センサス規則（昭和38年農林省令39号）第17条第1項
	都道府県知事	漁業センサス規則（昭和38年農林省令39号）第17条第2項
	都道府県知事	漁業センサス規則（昭和38年農林省令39号）第17条第2項
	市区町村長	漁業センサス規則（昭和38年農林省令39号）第17条第3項
	取りまとめセンター長等	漁業センサス規則（昭和38年農林省令39号）第17条第4項
	取りまとめセンター長等	漁業センサス規則（昭和38年農林省令39号）第17条第4項
調査年の翌年の1月1日から	農林水産大臣	製材統計調査規則（昭和28年農林省令58号）第14条第1項
調査年の翌年の1月1日から	取りまとめセンター長等（北海道取りまとめセンター長，北海道統計・情報事務所長を除く。）	製材統計調査規則（昭和28年農林省令58号）第14条第2項
調査年の翌年の1月1日から	北海道統計・情報事務所長	製材統計調査規則（昭和28年農林省令58号）第14条第3項
調査年の翌年の1月1日から	北海道取りまとめセンターの長	製材統計調査規則（昭和28年農林省令58号）第14条第4項
調査年の翌年の1月1日から	センター長，取りまとめセンター長	製材統計調査規則（昭和28年農林省令58号）第14条第5項

〈付録1〉 主な行政文書の保存期間一覧

農水省	提出された関係書類,磁器テープ(第9条第4項),全国結果表の内容を収録した磁気テープ(第10条)	5年
農水省	漁業種類別結果表	5年
農水省	都道府県別の結果を収録したフレキシブルディスク等	5年
農水省	調査票及びフレキシブルディスク,統計調査員又はセンター及び取りまとめセンターの職員が作成した調査票,第8条第1項及び第2項により作成したフレキシブルディスク	3年
農水省	全国結果表	5年
農水省	都道府県別の結果を収録したフレキシブルディスク及び都道府県別結果表	5年
農水省	集計を行った結果を収録したフレキシブルディスク,センター長報告書	5年
農水省	調査票その他の関係書類	農林水産大臣が定める期間を経過する日まで
農水省	基礎調査全結果表,月別全国結果表,年間全国結果表の内容を収録した磁気テープ	5年
農水省	基礎調査及び月別調査に係る都道府県別の結果を収録したフレキシブルディスク	5年
農水省	基礎調査票,月別調査票	3年
農水省	調査客体記録,日計簿記録の内容を記録した磁気テープ	永年

〈付録1〉 主な行政文書の保存期間一覧

調査年の翌年の1月1日から	農林水産大臣	海面漁業生産統計調査規則（昭和27年農林省令65号）第12条第1項
調査年の翌年の1月1日から	農林水産大臣，審査，集計センターの長，北海道・情報事務所長	海面漁業生産統計調査規則（昭和27年農林省令65号）第12条第2項
調査年の翌年の1月1日から	取りまとめセンター長等	海面漁業生産統計調査規則（昭和27年農林省令65号）第12条第3項
調査年の翌年の1月1日から	センター長，取りまとめセンター長	海面漁業生産統計調査規則（昭和27年農林省令65号）第12条第4項
調査の実施された翌年の1月1日から	農林水産大臣	作物統計調査規則（昭和46年農林省令40号）第15条第1項
調査の実施された翌年の1月1日から	取りまとめセンター長等	作物統計調査規則（昭和46年農林省令40号）第15条第2項
調査の実施された翌年の1月1日から	センター長，取りまとめセンター長	作物統計調査規則（昭和46年農林省令40号）第15条第3項
		作物統計調査規則（昭和46年農林省令40号）第15条第3項
調査年の翌年の1月1日から	農林水産大臣	牛乳乳製品統計調査規則（昭和46年農林省令38号）第16条1項
調査年の翌年の1月1日から	取りまとめセンター長等	牛乳乳製品統計調査規則（昭和46年農林省令38号）第16条2項
調査年の翌年の1月1日から	センター長，取りまとめセンター長	牛乳乳製品統計調査規則（昭和46年農林省令38号）第16条3項
	農林水産大臣	農業経営統計調査規則（平成6年農林水産省令42号）第13条第1項

〈付録1〉 主な行政文書の保存期間一覧

農水省	全国結果表	10年
農水省	地方農政局の結果表	10年
農水省	都道府県の結果表	5年
農水省	調査票，センター及び取りまとめセンターの職員が作成した調査票	3年
農水省	農産物の生産費に係る関係書類	大臣が定める期間
経産省	帳簿	3年
経産省	使用前自主検査等の記録の保存	5年
経産省	法36条の14の帳簿	試験事務を廃止するまで
経産省	法第36条の27の帳簿	3年
経産省	法第41条第1項の帳簿	2年
経産省	法第41条第1項の帳簿	2年
経産省	法第41条第1項の帳簿	2年

〈付録1〉 主な行政文書の保存期間一覧

調査最終日の翌日から	農林水産大臣	農業経営統計調査規則（平成6年農林水産省令42号）第13条第1項
調査最終日の翌日から	地方農政局長	農業経営統計調査規則（平成6年農林水産省令42号）第13条第2項
調査最終日の翌日から	取りまとめセンター長等	農業経営統計調査規則（平成6年農林水産省令42号）第13条第3項
調査最終日の翌日から	センター長，取りまとめセンター長	農業経営統計調査規則（平成6年農林水産省令42号）第13条第4項
		農業経営統計調査規則（平成6年農林水産省令42号）第13条第5項
記載の日から	国内登録検査機関	経済産業省関係特定製品の技術上の基準等に関する省令（昭和49通産省令18号）第31条第3項
その記録を行った日から（検査合格については合格した日から）	一般ガス事業者	ガス事業法施行規則（昭和45年通産省令97号）第53条第2項
	指定試験機関	ガス事業法施行規則（昭和45年通産省令97号）第70条
	登録ガス工作物検査機関	ガス事業法施行規則（昭和45年通産省令97号）第72条の10第2項
記載の日から	製造業者	火薬類取締法施行規則（昭和25年通商産業省令88号）第9条第2項
記載の日から	販売業者	火薬類取締法施行規則（昭和25年通商産業省令88号）第11条第2項
記載の日から	火薬庫の所有者，占有者	火薬類取締法施行規則（昭和25年通商産業省令88号）第33条第2項

〈付録1〉 主な行政文書の保存期間一覧

経産省	法第41条第1項の帳簿	1年
経産省	法第45条の18第1項の帳簿	試験事務を廃止するまで
経産省	調査票,フレキシブルディスクから打ち出した調査票及び集計表を収録した磁気テープ	永年
経産省	集計表（本調査）	10年
経産省	集計表（簡易調査）	5年
経産省	調査票,フレキシブルディスクから打ち出した調査票及びフレキシブルディスク（本調査）	5年
経産省	調査票,フレキシブルディスクから打ち出した調査票及びフレキシブルディスク（簡易調査）	3年
経産省	準備調査名簿（本調査）	5年
経産省	準備調査名簿（簡易調査）	3年
経産省	準備調査名簿の写し（本調査）	5年
経産省	準備調査名簿の写し（簡易調査）	3年
経産省	審査調査票を収録した磁気テープ（本調査）	5年
経産省	審査調査票を収録した磁気テープ（簡易調査）	3年
経産省	経済産業大臣の作成した集計表	5年
経産省	調査票及び集計表（経済産業大臣の作成した集計表を除く。）	2年
経産省	調査票の内容を記録した電磁的記録	2年

〈付録1〉 主な行政文書の保存期間一覧

記載の日から	法第30条第2項の消費者	火薬類取締法施行規則（昭和25年通商産業省令88号）第56条の5第2項
	指定試験機関	火薬類取締法施行規則（昭和25年通商産業省令88号）第81条の12第2項
	経済産業大臣	商業統計調査規則（昭和27年通商産業省令60号）第22条第2項
	経済産業大臣	商業統計調査規則（昭和27年通商産業省令60号）第22条第1項
	経済産業大臣	商業統計調査規則（昭和27年通商産業省令60号）第22条第1項
	経済産業大臣	商業統計調査規則（昭和27年通商産業省令60号）第22条第1項
	経済産業大臣	商業統計調査規則（昭和27年通商産業省令60号）第22条第1項
	経済産業大臣	商業統計調査規則（昭和27年通商産業省令60号）第22条第1項
	経済産業大臣	商業統計調査規則（昭和27年通商産業省令60号）第22条第1項
	都道府県知事，市町村長	商業統計調査規則（昭和27年通商産業省令60号）第22条第1項
	都道府県知事，市町村長	商業統計調査規則（昭和27年通商産業省令60号）第22条第1項
	都道府県知事	商業統計調査規則（昭和27年通商産業省令60号）第22条第2項
	都道府県知事	商業統計調査規則（昭和27年通商産業省令60号）第22条第2項
	経済産業大臣	ガス事業生産動態統計調査規則（昭和26年総理府令11号）第12条第2項
	経済産業大臣，経済産業局長	ガス事業生産動態統計調査規則（昭和26年総理府令11号）第12条第1項
	都道府県知事	工業統計調査規則（昭和26年通商産業省令81号）第21条第2項

〈付録1〉 主な行政文書の保存期間一覧

経産省	準備調査名簿，調査票，集計表	3年
経産省	準備調査名簿，調査票及び集計表の内容を記録した電磁的記録	永年
経産省	準備調査名簿の写し及び調査票の写し	2年
経産省	準備調査名簿の写し	2年
経産省	調査票，フレキシブルディスク	1年
経産省	調査票等及び集計表を収録した磁気媒体	永年
経産省	調査票等及び集計表を収録した磁気媒体	永年
経産省	調査票	1年
経産省	調査票，フレキシブルディスク	1年
経産省	調査票及びフレキシブルディスク	1年
経産省	調査票	1年
経産省	調査票及び集計表を収録した磁気媒体	永年
国交省	法117条の12に規定する帳簿	検定事務を廃止するまで
国交省	調査票	2年

〈付録1〉 主な行政文書の保存期間一覧

	経済産業大臣	工業統計調査規則（昭和26年通商産業省令81号）第21条第1項
	経済産業大臣	工業統計調査規則（昭和26年通商産業省令81号）第21条第2項
	都道府県知事	工業統計調査規則（昭和26年通商産業省令81号）第21条第1項
	市町村長	工業統計調査規則（昭和26年通商産業省令81号）第21条第1項
	経済産業大臣	石油製品需給動態統計調査規則（昭和27年通商産業省・運輸省令4号）第14条第1項
	経済産業大臣	石油製品需給動態統計調査規則（昭和27年通商産業省・運輸省令4号）第14条第2項
	経済産業大臣	商業動態統計調査規則（昭和28年通商産業省令17号）第16条第3項
	都道府県知事	商業動態統計調査規則（昭和28年通商産業省令17号）第16条第2項
	経済産業大臣	商業動態統計調査規則（昭和28年通商産業省令17号）第16条第1項
	経済産業大臣	経済産業省生産動態統計調査規則（昭和28年通商産業省令10号）第20条第1項
	経済産業局長，都道府県知事	経済産業省生産動態統計調査規則（昭和28年通商産業省令10号）第20条第2項
	経済産業大臣	経済産業省生産動態統計調査規則（昭和28年通商産業省令10号）第20条第3項
	指定検定機関	土地区画整理法施行規則（昭和30年建設省令5号）第14条の10第3項
	地方運輸局長	船舶船員統計調査規則（昭和32年運輸省令7号）第14条第1項

〈付録1〉 主な行政文書の保存期間一覧

国交省	調査票	2年
国交省	災害報告書	2年
国交省	放流水の水質検査記録	5年
国交省	水質測定記録表	5年
環境省	再商品化業務に関する帳簿	10年間
環境省	収集又は運搬，処分に関する帳簿	5年間
環境省	ごみ処理施設の維持管理に関する点検，検査その他の措置の記録	3年
環境省	し尿処理施設の維持管理に関する点検，検査その他の措置の記録	3年
環境省	委託契約書及び添付書面	5年
環境省	承諾に係る書面の写し	5年
環境省	事業者の帳簿	5年
環境省	特別管理産業廃棄物を生ずる事業者の帳簿	5年

〈付録1〉 主な行政文書の保存期間一覧

	都道府県知事	港湾調査規則（昭和26年運輸省令13号）第15条
	都道府県知事	建築動態統計調査規則（昭和25年建設省令44号）第25条
	公共下水道管理者	下水道法施行令（昭和34年政令147号）第12条第6項
	特定施設の設置者	下水道法施行規則（昭和42年建設省令37号）第15条第5号
閉鎖後（1年ごとに閉鎖）	指定法人	容器包装に係る分別収集及び再商品化の促進等に関する法律施行規則（平成7年大蔵・厚生・農林水産・通産省令1号）第26条
閉鎖後（1年ごとに閉鎖）	一般廃棄物収集運搬業者，一般廃棄物処分業者	廃棄物の処理及び清掃に関する法律施行規則（昭和46年厚生省令35号）第2条の5第3項第2号
	市町村	廃棄物の処理及び清掃に関する法律施行規則（昭和46年厚生省令35号）第4条の5第1項第16号
	市町村	廃棄物の処理及び清掃に関する法律施行規則（昭和46年厚生省令35号）第4条の5第2項第14号
契約終了の日から		廃棄物の処理及び清掃に関する法律施行規則（昭和46年厚生省令35号）第8条の4の3
承諾をした日から		廃棄物の処理及び清掃に関する法律施行規則（昭和46年厚生省令35号）第8条の4の4
	事業者	廃棄物の処理及び清掃に関する法律施行規則（昭和46年厚生省令35号）第8条の5第3項
	特別管理産業廃棄物を生ずる事業者	廃棄物の処理及び清掃に関する法律施行規則（昭和46年厚生省令35号）第8条の18第3項

〈付録1〉 主な行政文書の保存期間一覧

環境省	産業廃棄物管理表の写し	5年
環境省	情報処理センターによる情報（登録・報告）	5年
環境省	情報処理センターの帳簿（8条の44に定めた記載事項を記載した帳簿）	10年を経過する日まで
環境省	帳簿	5年
環境省	帳簿	5年
環境省	産業廃棄物処理施設の維持管理に関する点検，検査その他の措置の記録	3年
環境省	記録の閲覧	備えた日から3年を経過する日まで
環境省	届出台帳	永久
環境省	保守点検若しくは清掃の記録の写し又は電磁的方法により作成された電磁的記録	3年
環境省	保守点検若しくは清掃の記録又は電磁的方法により作成された電磁的記録	3年
環境省	浄化槽清掃業務に関する帳簿	5年
環境省	試験事務に関する帳簿（ファイル又は磁気ディスクを含む。）	試験事務を廃止するまで

〈付録1〉 主な行政文書の保存期間一覧

	管理票交付者	廃棄物の処理及び清掃に関する法律施行規則（昭和46年厚生省令35号）第8条の26
	情報処理センター	廃棄物の処理及び清掃に関する法律施行規則（昭和46年厚生省令35号）第8条の35
備えた日から	情報処理センター	廃棄物の処理及び清掃に関する法律施行規則（昭和46年厚生省令35号）第8条の43
	産業廃棄物収集運搬業者，産業廃棄物処分業者	廃棄物の処理及び清掃に関する法律施行規則（昭和46年厚生省令35号）第10条の8第3項
	特別管理産業廃棄物収集運搬業者，特別管理産業廃棄物処分業者	廃棄物の処理及び清掃に関する法律施行規則（昭和46年厚生省令35号）第10条の21第3項
	産業廃棄物処理施設の設置者	廃棄物の処理及び清掃に関する法律施行規則（昭和46年厚生省令35号）第12条の6第9号
		廃棄物の処理及び清掃に関する法律施行規則（昭和46年厚生省令35号）第12条の7の2第2号
	都道府県知事	廃棄物の処理及び清掃に関する法律施行規則（昭和46年厚生省令35号）第15条の8第5項
	受託者	環境省関係浄化槽法施行規則（昭和59年厚生省令17号）第5条9項
	浄化槽管理者	環境省関係浄化槽法施行規則（昭和59年厚生省令17号）第5条8項
閉鎖後（1年ごとに閉鎖）	浄化槽清掃業者	環境省関係浄化槽法施行規則（昭和59年厚生省令17号）第14条3項第2号
	指定試験機関	環境省関係浄化槽法施行規則（昭和59年厚生省令17号）第36条3項

〈付録1〉 主な行政文書の保存期間一覧

環境省	講習事務に関する帳簿（ファイル又は磁気ディスクを含む。）	講習業務を廃止するまで
環境省	試験事務に関する帳簿（ファイル又は磁気ディスクを含む。）	試験事務を廃止するまで

〈付録1〉 主な行政文書の保存期間一覧

	指定講習機関	環境省関係浄化槽法施行規則（昭和59年厚生省令17号）第50条3項
	指定試験機関	浄化槽設備士に関する省令（昭和59年厚生省令17号）第20条第3項

〈付録2〉 情報公開法

行政機関の保有する情報の公開に関する法律(平成11年5月14日法律第42号)
　　　　　　　　　　最終改正　平成15年7月16日法律第119号
　　(なお，平成15年5月30日法律第61号による改正は，平成17年4月
　　1日個人情報保護法の施行と同時に施行)
第1章　総則(第1条・第2条)
第2章　行政文書の開示(第3条―第17条)
第3章　不服申立て等
　第1節　諮問等(第18条―第20条)
　第2節　情報公開審査会(第21条―第26条)
　第3節　審査会の調査審議の手続(第27条―第35条)
　第4節　訴訟の管轄の特例等(第36条)
第4章　補則(第37条―第43条)
附則
　　第1章　総則
(目的)
第1条　この法律は，国民主権の理念にのっとり，行政文書の開示を請求する権利につき定めること等により，行政機関の保有する情報の一層の公開を図り，もって政府の有するその諸活動を国民に説明する責務が全うされるようにするとともに，国民の的確な理解と批判の下にある公正で民主的な行政の推進に資することを目的とする。
(定義)
第2条　この法律において「行政機関」とは，次に掲げる機関をいう。
　一　法律の規定に基づき内閣に置かれる機関(内閣府を除く。)及び内閣の所轄の下に置かれる機関
　二　内閣府，宮内庁並びに内閣府設置法(平成11年法律第89号)第49条第1項及び第2項に規定する機関(これらの機関のうち第四号の政令で定める機関が置かれる機関にあっては，当該政令で定める機関を除く。)

〈付録2〉 情報公開法

　三　国家行政組織法（昭和23年法律第120号）第3条第2項に規定する機関（第五号の政令で定める機関が置かれる機関にあっては，当該政令で定める機関を除く。）
　四　内閣府設置法第39条及び第55条並びに宮内庁法（昭和22年法律第70号）第16条第2項の機関並びに内閣府設置法第40条及び第56条（宮内庁法第18条第1項において準用する場合を含む。）の特別の機関で，政令で定めるもの
　五　国家行政組織法第8条の2の施設等機関及び同法第8条の3の特別の機関で，政令で定めるもの
　六　会計検査院
2　この法律において「行政文書」とは，行政機関の職員が職務上作成し，又は取得した文書，図画及び電磁的記録（電子的方式，磁気的方式その他人の知覚によっては認識することができない方式で作られた記録をいう。以下同じ。）であって，当該行政機関の職員が組織的に用いるものとして，当該行政機関が保有しているものをいう。ただし，次に掲げるものを除く。
　一　官報，白書，新聞，雑誌，書籍その他不特定多数の者に販売することを目的として発行されるもの
　二　政令で定める公文書館その他の機関において，政令で定めるところにより，歴史的若しくは文化的な資料又は学術研究用の資料として特別の管理がされているもの
　　　第2章　行政文書の開示
（開示請求権）
第3条　何人も，この法律の定めるところにより，行政機関の長（前条第1項第四号及び第五号の政令で定める機関にあっては，その機関ごとに政令で定める者をいう。以下同じ。）に対し，当該行政機関の保有する行政文書の開示を請求することができる。
（開示請求の手続）
第4条　前条の規定による開示の請求（以下「開示請求」という。）は，次に掲げる事項を記載した書面（以下「開示請求書」という。）を行政機関の長に提出してしなければならない。

〈付録2〉 情報公開法

一 開示請求をする者の氏名又は名称及び住所又は居所並びに法人その他の団体にあっては代表者の氏名
二 行政文書の名称その他の開示請求に係る行政文書を特定するに足りる事項

2 行政機関の長は、開示請求書に形式上の不備があると認めるときは、開示請求をした者（以下「開示請求者」という。）に対し、相当の期間を定めて、その補正を求めることができる。この場合において、行政機関の長は、開示請求者に対し、補正の参考となる情報を提供するよう努めなければならない。

（行政文書の開示義務）

第5条 行政機関の長は、開示請求があったときは、開示請求に係る行政文書に次の各号に掲げる情報（以下「不開示情報」という。）のいずれかが記録されている場合を除き、開示請求者に対し、当該行政文書を開示しなければならない。

一 個人に関する情報（事業を営む個人の当該事業に関する情報を除く。）であって、当該情報に含まれる氏名、生年月日その他の記述等により特定の個人を識別することができるもの（他の情報と照合することにより、特定の個人を識別することができることとなるものを含む。）又は特定の個人を識別することはできないが、公にすることにより、なお個人の権利利益を害するおそれがあるもの。ただし、次に掲げる情報を除く。

　イ 法令の規定により又は慣行として公にされ、又は公にすることが予定されている情報

　ロ 人の生命、健康、生活又は財産を保護するため、公にすることが必要であると認められる情報

　ハ 当該個人が公務員等（国家公務員法（昭和22年法律第120号）第2条第1項に規定する国家公務員（独立行政法人通則法（平成11年法律第103号）第2条第2項に規定する特定独立行政法人及び日本郵政公社の役員及び職員を除く。）、独立行政法人等（独立行政法人等の保有する情報の公開に関する法律（平成13年法律第140号。以下「独立行政法人等情報公開法」という。）第2条第1項に規定する独立行政法人等をいう。以下同じ。）の役員及び職員、地方公務員法（昭和25年法律第261号）第

〈付録2〉 情報公開法

2条に規定する地方公務員並びに地方独立行政法人（地方独立行政法人法（平成15年法律第118号）第2条第1項に規定する地方独立行政法人をいう。以下同じ。）の役員及び職員をいう。）である場合において，当該情報がその職務の遂行に係る情報であるときは，当該情報のうち，当該公務員等の職及び当該職務遂行の内容に係る部分
二　法人その他の団体（国，独立行政法人等，地方公共団体及び地方独立行政法人を除く。以下「法人等」という。）に関する情報又は事業を営む個人の当該事業に関する情報であって，次に掲げるもの。ただし，人の生命，健康，生活又は財産を保護するため，公にすることが必要であると認められる情報を除く。
　　イ　公にすることにより，当該法人等又は当該個人の権利，競争上の地位その他正当な利益を害するおそれがあるもの
　　ロ　行政機関の要請を受けて，公にしないとの条件で任意に提供されたものであって，法人等又は個人における通例として公にしないこととされているものその他の当該条件を付することが当該情報の性質，当時の状況等に照らして合理的であると認められるもの
三　公にすることにより，国の安全が害されるおそれ，他国若しくは国際機関との信頼関係が損なわれるおそれ又は他国若しくは国際機関との交渉上不利益を被るおそれがあると行政機関の長が認めることにつき相当の理由がある情報
四　公にすることにより，犯罪の予防，鎮圧又は捜査，公訴の維持，刑の執行その他の公共の安全と秩序の維持に支障を及ぼすおそれがあると行政機関の長が認めることにつき相当の理由がある情報
五　国の機関，独立行政法人等，地方公共団体及び地方独立行政法人の内部又は相互間における審議，検討又は協議に関する情報であって，公にすることにより，率直な意見の交換若しくは意思決定の中立性が不当に損なわれるおそれ，不当に国民の間に混乱を生じさせるおそれ又は特定の者に不当に利益を与え若しくは不利益を及ぼすおそれがあるもの
六　国の機関，独立行政法人等，地方公共団体又は地方独立行政法人が行う事務又は事業に関する情報であって，公にすることにより，次に掲げるお

〈付録2〉 情報公開法

それその他当該事務又は事業の性質上，当該事務又は事業の適正な遂行に支障を及ぼすおそれがあるもの
イ　監査，検査，取締り又は試験に係る事務に関し，正確な事実の把握を困難にするおそれ又は違法若しくは不当な行為を容易にし，若しくはその発見を困難にするおそれ
ロ　契約，交渉又は争訟に係る事務に関し，国，独立行政法人等，地方公共団体又は地方独立行政法人の財産上の利益又は当事者としての地位を不当に害するおそれ
ハ　調査研究に係る事務に関し，その公正かつ能率的な遂行を不当に阻害するおそれ
ニ　人事管理に係る事務に関し，公正かつ円滑な人事の確保に支障を及ぼすおそれ
ホ　国若しくは地方公共団体が経営する企業，独立行政法人等又は地方独立行政法人に係る事業に関し，その企業経営上の正当な利益を害するおそれ

（部分開示）
第6条　行政機関の長は，開示請求に係る行政文書の一部に不開示情報が記録されている場合において，不開示情報が記録されている部分を容易に区分して除くことができるときは，開示請求者に対し，当該部分を除いた部分につき開示しなければならない。ただし，当該部分を除いた部分に有意の情報が記録されていないと認められるときは，この限りでない。

2　開示請求に係る行政文書に前条第一号の情報（特定の個人を識別することができるものに限る。）が記録されている場合において，当該情報のうち，氏名，生年月日その他の特定の個人を識別することができることとなる記述等の部分を除くことにより，公にしても，個人の権利利益が害されるおそれがないと認められるときは，当該部分を除いた部分は，同号の情報に含まれないものとみなして，前項の規定を適用する。

（公益上の理由による裁量的開示）
第7条　行政機関の長は，開示請求に係る行政文書に不開示情報が記録されている場合であっても，公益上特に必要があると認めるときは，開示請求者に対し，当該行政文書を開示することができる。

〈付録2〉 情報公開法

(行政文書の存否に関する情報)

第8条 開示請求に対し、当該開示請求に係る行政文書が存在しているか否かを答えるだけで、不開示情報を開示することとなるときは、行政機関の長は、当該行政文書の存否を明らかにしないで、当該開示請求を拒否することができる。

(開示請求に対する措置)

第9条 行政機関の長は、開示請求に係る行政文書の全部又は一部を開示するときは、その旨の決定をし、開示請求者に対し、その旨及び開示の実施に関し政令で定める事項を書面により通知しなければならない。

2 行政機関の長は、開示請求に係る行政文書の全部を開示しないとき(前条の規定により開示請求を拒否するとき及び開示請求に係る行政文書を保有していないときを含む。)は、開示をしない旨の決定をし、開示請求者に対し、その旨を書面により通知しなければならない。

(開示決定等の期限)

第10条 前条各項の決定(以下「開示決定等」という。)は、開示請求があった日から30日以内にしなければならない。ただし、第4条第2項の規定により補正を求めた場合にあっては、当該補正に要した日数は、当該期間に算入しない。

2 前項の規定にかかわらず、行政機関の長は、事務処理上の困難その他正当な理由があるときは、同項に規定する期間を30日以内に限り延長することができる。この場合において、行政機関の長は、開示請求者に対し、遅滞なく、延長後の期間及び延長の理由を書面により通知しなければならない。

(開示決定等の期限の特例)

第11条 開示請求に係る行政文書が著しく大量であるため、開示請求があった日から60日以内にそのすべてについて開示決定等をすることにより事務の遂行に著しい支障が生ずるおそれがある場合には、前条の規定にかかわらず、行政機関の長は、開示請求に係る行政文書のうちの相当の部分につき当該期間内に開示決定等をし、残りの行政文書については相当の期間内に開示決定等をすれば足りる。この場合において、行政機関の長は、同条第1項に規定する期間内に、開示請求者に対し、次に掲げる事項を書面により通知しなけ

〈付録2〉 情報公開法

ればならない。
一　本条を適用する旨及びその理由
二　残りの行政文書について開示決定等をする期限
（事案の移送）
第12条　行政機関の長は，開示請求に係る行政文書が他の行政機関により作成されたものであるときその他他の行政機関の長において開示決定等をすることにつき正当な理由があるときは，当該他の行政機関の長と協議の上，当該他の行政機関の長に対し，事案を移送することができる。この場合においては，移送をした行政機関の長は，開示請求者に対し，事案を移送した旨を書面により通知しなければならない。
2　前項の規定により事案が移送されたときは，移送を受けた行政機関の長において，当該開示請求についての開示決定等をしなければならない。この場合において，移送をした行政機関の長が移送前にした行為は，移送を受けた行政機関の長がしたものとみなす。
3　前項の場合において，移送を受けた行政機関の長が第9条第1項の決定（以下「開示決定」という。）をしたときは，当該行政機関の長は，開示の実施をしなければならない。この場合において，移送をした行政機関の長は，当該開示の実施に必要な協力をしなければならない。
（独立行政法人等への事案の移送）
第12条の2　行政機関の長は，開示請求に係る行政文書が独立行政法人等により作成されたものであるときその他独立行政法人等において独立行政法人等情報公開法第10条第1項に規定する開示決定等をすることにつき正当な理由があるときは，当該独立行政法人等と協議の上，当該独立行政法人等に対し，事案を移送することができる。この場合においては，移送をした行政機関の長は，開示請求者に対し，事案を移送した旨を書面により通知しなければならない。
2　前項の規定により事案が移送されたときは，当該事案については，行政文書を移送を受けた独立行政法人等が保有する独立行政法人等情報公開法第2条第2項に規定する法人文書と，開示請求を移送を受けた独立行政法人等に対する独立行政法人等情報公開法第4条第1項に規定する開示請求とみなし

〈付録2〉 情報公開法

て，独立行政法人等情報公開法の規定を適用する。この場合において，独立行政法人等情報公開法第10条第1項中「第4条第2項」とあるのは「行政機関の保有する情報の公開に関する法律（平成11年法律第42号）第4条第2項」と，独立行政法人等情報公開法第17条第1項中「開示請求をする者又は法人文書」とあるのは「法人文書」と，「により，それぞれ」とあるのは「により」と，「開示請求に係る手数料又は開示」とあるのは「開示」とする。

3　第1項の規定により事案が移送された場合において，移送を受けた独立行政法人等が開示の実施をするときは，移送をした行政機関の長は，当該開示の実施に必要な協力をしなければならない。

（第三者に対する意見書提出の機会の付与等）

第13条　開示請求に係る行政文書に国，独立行政法人等，地方公共団体，地方独立行政法人及び開示請求者以外の者（以下この条，第19条及び第20条において「第三者」という。）に関する情報が記録されているときは，行政機関の長は，開示決定等をするに当たって，当該情報に係る第三者に対し，開示請求に係る行政文書の表示その他政令で定める事項を通知して，意見書を提出する機会を与えることができる。

2　行政機関の長は，次の各号のいずれかに該当するときは，開示決定に先立ち，当該第三者に対し，開示請求に係る行政文書の表示その他政令で定める事項を書面により通知して，意見書を提出する機会を与えなければならない。ただし，当該第三者の所在が判明しない場合は，この限りでない。

一　第三者に関する情報が記録されている行政文書を開示しようとする場合であって，当該情報が第5条第1号ロ又は同条第2号ただし書に規定する情報に該当すると認められるとき。

二　第三者に関する情報が記録されている行政文書を第7条の規定により開示しようとするとき。

3　行政機関の長は，前2項の規定により意見書の提出の機会を与えられた第三者が当該行政文書の開示に反対の意思を表示した意見書を提出した場合において，開示決定をするときは，開示決定の日と開示を実施する日との間に少なくとも2週間を置かなければならない。この場合において，行政機関の長は，開示決定後直ちに，当該意見書（第18条及び第19条において「反対意

〈付録2〉 情報公開法

見書」という。）を提出した第三者に対し，開示決定をした旨及びその理由並びに開示を実施する日を書面により通知しなければならない。

（開示の実施）

第14条　行政文書の開示は，文書又は図画については閲覧又は写しの交付により，電磁的記録についてはその種別，情報化の進展状況等を勘案して政令で定める方法により行う。ただし，閲覧の方法による行政文書の開示にあっては，行政機関の長は，当該行政文書の保存に支障を生ずるおそれがあると認めるときその他正当な理由があるときは，その写しにより，これを行うことができる。

2　開示決定に基づき行政文書の開示を受ける者は，政令で定めるところにより，当該開示決定をした行政機関の長に対し，その求める開示の実施の方法その他の政令で定める事項を申し出なければならない。

3　前項の規定による申出は，第9条第1項に規定する通知があった日から30日以内にしなければならない。ただし，当該期間内に当該申出をすることができないことにつき正当な理由があるときは，この限りでない。

4　開示決定に基づき行政文書の開示を受けた者は，最初に開示を受けた日から30日以内に限り，行政機関の長に対し，更に開示を受ける旨を申し出ることができる。この場合においては，前項ただし書の規定を準用する。

（他の法令による開示の実施との調整）

第15条　行政機関の長は，他の法令の規定により，何人にも開示請求に係る行政文書が前条第1項本文に規定する方法と同一の方法で開示することとされている場合（開示の期間が定められている場合にあっては，当該期間内に限る。）には，同項本文の規定にかかわらず，当該行政文書については，当該同一の方法による開示を行わない。ただし，当該他の法令の規定に一定の場合には開示をしない旨の定めがあるときは，この限りでない。

2　他の法令の規定に定める開示の方法が縦覧であるときは，当該縦覧を前条第1項本文の閲覧とみなして，前項の規定を適用する。

（手数料）

第16条　開示請求をする者又は行政文書の開示を受ける者は，政令で定めるところにより，それぞれ，実費の範囲内において政令で定める額の開示請求に

〈付録2〉 情報公開法

係る手数料又は開示の実施に係る手数料を納めなければならない。
2 前項の手数料の額を定めるに当たっては，できる限り利用しやすい額とするよう配慮しなければならない。
3 行政機関の長は，経済的困難その他特別の理由があると認めるときは，政令で定めるところにより，第1項の手数料を減額し，又は免除することができる。

（権限又は事務の委任）
第17条 行政機関の長は，政令（内閣の所轄の下に置かれる機関及び会計検査院にあっては，当該機関の命令）で定めるところにより，この章に定める権限又は事務を当該行政機関の職員に委任することができる。

　　　第3章　不服申立て等
　　　　第1節　諮問等
（審査会への諮問）
第18条 開示決定等について行政不服審査法（昭和37年法律第160号）による不服申立てがあったときは，当該不服申立てに対する裁決又は決定をすべき行政機関の長は，次の各号のいずれかに該当する場合を除き，情報公開審査会（不服申立てに対する裁決又は決定をすべき行政機関の長が会計検査院の長である場合にあっては，別に法律で定める審査会。第3節において「審査会」と総称する。）に諮問しなければならない。
一　不服申立てが不適法であり，却下するとき。
二　裁決又は決定で，不服申立てに係る開示決定等（開示請求に係る行政文書の全部を開示する旨の決定を除く。以下この号及び第20条において同じ。）を取り消し又は変更し，当該不服申立てに係る行政文書の全部を開示することとするとき。ただし，当該開示決定等について反対意見書が提出されているときを除く。

（諮問をした旨の通知）
第19条 前条の規定により諮問をした行政機関の長は，次に掲げる者に対し，諮問をした旨を通知しなければならない。
一　不服申立人及び参加人
二　開示請求者（開示請求者が不服申立人又は参加人である場合を除く。）

〈付録2〉 情報公開法

三 当該不服申立てに係る開示決定等について反対意見書を提出した第三者（当該第三者が不服申立人又は参加人である場合を除く。）

（第三者からの不服申立てを棄却する場合等における手続）

第20条 第13条第3項の規定は，次の各号のいずれかに該当する裁決又は決定をする場合について準用する。

一 開示決定に対する第三者からの不服申立てを却下し，又は棄却する裁決又は決定

二 不服申立てに係る開示決定等を変更し，当該開示決定等に係る行政文書を開示する旨の裁決又は決定（第三者である参加人が当該行政文書の開示に反対の意思を表示している場合に限る。）

第2節 情報公開審査会

（設置）

第21条 第18条及び独立行政法人等情報公開法第18条第2項の規定による諮問に応じ不服申立てについて調査審議するため，内閣府に，情報公開審査会を置く。

（組織）

第22条 情報公開審査会は，委員12人をもって組織する。

2 委員は，非常勤とする。ただし，そのうち4人以内は，常勤とすることができる。

（委員）

第23条 委員は，優れた識見を有する者のうちから，両議院の同意を得て，内閣総理大臣が任命する。

2 委員の任期が満了し，又は欠員を生じた場合において，国会の閉会又は衆議院の解散のために両議院の同意を得ることができないときは，内閣総理大臣は，前項の規定にかかわらず，同項に定める資格を有する者のうちから，委員を任命することができる。

3 前項の場合においては，任命後最初の国会で両議院の事後の承認を得なければならない。この場合において，両議院の事後の承認が得られないときは，内閣総理大臣は，直ちにその委員を罷免しなければならない。

4 委員の任期は，3年とする。ただし，補欠の委員の任期は，前任者の残任

〈付録2〉 情報公開法

　期間とする。
5　委員は，再任されることができる。
6　委員の任期が満了したときは，当該委員は，後任者が任命されるまで引き続きその職務を行うものとする。
7　内閣総理大臣は，委員が心身の故障のため職務の執行ができないと認めるとき，又は委員に職務上の義務違反その他委員たるに適しない非行があると認めるときは，両議院の同意を得て，その委員を罷免することができる。
　8　委員は，職務上知ることができた秘密を漏らしてはならない。その職を退いた後も同様とする。
　9　委員は，在任中，政党その他の政治的団体の役員となり，又は積極的に政治運動をしてはならない。
　10　常勤の委員は，在任中，内閣総理大臣の許可がある場合を除き，報酬を得て他の職務に従事し，又は営利事業を営み，その他金銭上の利益を目的とする業務を行ってはならない。
　11　委員の給与は，別に法律で定める。
（会長）
第24条　情報公開審査会に，会長を置き，委員の互選によりこれを定める。
2　会長は，会務を総理し，情報公開審査会を代表する。
3　会長に事故があるときは，あらかじめその指名する委員が，その職務を代理する。
（合議体）
第25条　情報公開審査会は，その指名する委員3人をもって構成する合議体で，不服申立てに係る事件について調査審議する。
2　前項の規定にかかわらず，情報公開審査会が定める場合においては，委員の全員をもって構成する合議体で，不服申立てに係る事件について調査審議する。
（事務局）
第26条　情報公開審査会の事務を処理させるため，情報公開審査会に事務局を置く。
2　事務局に，事務局長のほか，所要の職員を置く。

〈付録2〉 情報公開法

3 事務局長は,会長の命を受けて,局務を掌理する。

第3節 審査会の調査審議の手続

(審査会の調査権限)

第27条 審査会は,必要があると認めるときは,諮問庁(第18条の規定により審査会に諮問をした行政機関の長及び独立行政法人等情報公開法第18条第2項の規定により情報公開審査会に諮問をした独立行政法人等をいう。以下この条において同じ。)に対し,開示決定等(独立行政法人等情報公開法第10条第1項に規定する開示決定等を含む。第3項において同じ。)に係る行政文書又は法人文書の提示を求めることができる。この場合においては,何人も,審査会に対し,その提示された行政文書又は法人文書の開示を求めることができない。

2 諮問庁は,審査会から前項の規定による求めがあったときは,これを拒んではならない。

3 審査会は,必要があると認めるときは,諮問庁に対し,開示決定等に係る行政文書又は法人文書に記録されている情報の内容を審査会の指定する方法により分類又は整理した資料を作成し,審査会に提出するよう求めることができる。

4 第1項及び前項に定めるもののほか,審査会は,不服申立てに係る事件に関し,不服申立人,参加人又は諮問庁(以下「不服申立人等」という。)に意見書又は資料の提出を求めること,適当と認める者にその知っている事実を陳述させ又は鑑定を求めることその他必要な調査をすることができる。

(意見の陳述)

第28条 審査会は,不服申立人等から申立てがあったときは,当該不服申立人等に口頭で意見を述べる機会を与えなければならない。ただし,審査会が,その必要がないと認めるときは,この限りでない。

2 前項本文の場合においては,不服申立人又は参加人は,審査会の許可を得て,補佐人とともに出頭することができる。

(意見書等の提出)

第29条 不服申立人等は,審査会に対し,意見書又は資料を提出することができる。ただし,審査会が意見書又は資料を提出すべき相当の期間を定めたと

〈付録2〉 情報公開法

きは，その期間内にこれを提出しなければならない。
(委員による調査手続)
第30条　審査会は，必要があると認めるときは，その指名する委員に，第27条第1項の規定により提示された行政文書又は法人文書を閲覧させ，同条第4項の規定による調査をさせ，又は第28条第1項本文の規定による不服申立人等の意見の陳述を聴かせることができる。
(提出資料の閲覧)
第31条　不服申立人等は，審査会に対し，審査会に提出された意見書又は資料の閲覧を求めることができる。この場合において，審査会は，第三者の利益を害するおそれがあると認めるときその他正当な理由があるときでなければ，その閲覧を拒むことができない。
2　審査会は，前項の規定による閲覧について，日時及び場所を指定することができる。
(調査審議手続の非公開)
第32条　審査会の行う調査審議の手続は，公開しない。
(不服申立ての制限)
第33条　この節の規定により審査会又は委員がした処分については，行政不服審査法による不服申立てをすることができない。
(答申書の送付等)
第34条　審査会は，諮問に対する答申をしたときは，答申書の写しを不服申立人及び参加人に送付するとともに，答申の内容を公表するものとする。
(政令への委任)
第35条　この節に定めるもののほか，審査会の調査審議の手続に関し必要な事項は，政令(第18条の別に法律で定める審査会にあっては，会計検査院規則)で定める。
　　　第4節　訴訟の管轄の特例等
(訴訟の管轄の特例等)
第36条　開示決定等の取消しを求める訴訟及び開示決定等に係る不服申立てに対する裁決又は決定の取消しを求める訴訟(次項及び附則第2項において「情報公開訴訟」という。)については，行政事件訴訟法(昭和37年法律第

273

〈付録2〉 情報公開法

139号）第12条に定める裁判所のほか、原告の普通裁判籍の所在地を管轄する高等裁判所の所在地を管轄する地方裁判所（次項において「特定管轄裁判所」という。）にも提起することができる。

2　前項の規定により特定管轄裁判所に訴えが提起された場合であって、他の裁判所に同一又は同種若しくは類似の行政文書に係る情報公開訴訟が係属している場合においては、当該特定管轄裁判所は、当事者の住所又は所在地、尋問を受けるべき証人の住所、争点又は証拠の共通性その他の事情を考慮して、相当と認めるときは、申立てにより又は職権で、訴訟の全部又は一部について、当該他の裁判所又は行政事件訴訟法第12条に定める裁判所に移送することができる。

　　　第四章　補則
（行政文書の管理）
第37条　行政機関の長は、この法律の適正かつ円滑な運用に資するため、行政文書を適正に管理するものとする。

2　行政機関の長は、政令で定めるところにより行政文書の管理に関する定めを設けるとともに、これを一般の閲覧に供しなければならない。

3　前項の政令においては、行政文書の分類、作成、保存及び廃棄に関する基準その他の行政文書の管理に関する必要な事項について定めるものとする。

（開示請求をしようとする者に対する情報の提供等）
第38条　行政機関の長は、開示請求をしようとする者が容易かつ的確に開示請求をすることができるよう、当該行政機関が保有する行政文書の特定に資する情報の提供その他開示請求をしようとする者の利便を考慮した適切な措置を講ずるものとする。

2　総務大臣は、この法律の円滑な運用を確保するため、開示請求に関する総合的な案内所を整備するものとする。

（施行の状況の公表）
第39条　総務大臣は、行政機関の長に対し、この法律の施行の状況について報告を求めることができる。

2　総務大臣は、毎年度、前項の報告を取りまとめ、その概要を公表するものとする。

〈付録2〉 情報公開法

(行政機関の保有する情報の提供に関する施策の充実)
第40条　政府は，その保有する情報の公開の総合的な推進を図るため，行政機関の保有する情報が適時に，かつ，適切な方法で国民に明らかにされるよう，行政機関の保有する情報の提供に関する施策の充実に努めるものとする。

(地方公共団体の情報公開)
第41条　地方公共団体は，この法律の趣旨にのっとり，その保有する情報の公開に関し必要な施策を策定し，及びこれを実施するよう努めなければならない。

(政令への委任)
第42条　この法律に定めるもののほか，この法律の実施のため必要な事項は，政令で定める。

(罰則)
第43条　第23条第8項の規定に違反して秘密を漏らした者は，1年以下の懲役又は30万円以下の罰金に処する。

　　　附　則

1　この法律は，公布の日から起算して2年を超えない範囲内において政令で定める日から施行する。ただし，第23条第1項中両議院の同意を得ることに関する部分，第40条から第42条まで及び次項の規定は，公布の日から施行する。

2　政府は，この法律の施行後4年を目途として，この法律の施行の状況及び情報公開訴訟の管轄の在り方について検討を加え，その結果に基づいて必要な措置を講ずるものとする。

　　　附　則　(平成11年7月16日法律第102号)　抄

(施行期日)
第1条　この法律は，内閣法の一部を改正する法律(平成11年法律第88号)の施行の日から施行する。ただし，次の各号に掲げる規定は，当該各号に定める日から施行する。

2　附則第10条第1項及び第5項，第14条第3項，第23条，第28条並びに第30条の規定　公布の日

(職員の身分引継ぎ)

〈付録2〉 情報公開法

第3条 この法律の施行の際現に従前の総理府,法務省,外務省,大蔵省,文部省,厚生省,農林水産省,通商産業省,運輸省,郵政省,労働省,建設省又は自治省(以下この条において「従前の府省」という。)の職員(国家行政組織法(昭和23年法律第120号)第8条の審議会等の会長又は委員長及び委員,中央防災会議の委員,日本工業標準調査会の会長及び委員並びにこれらに類する者として政令で定めるものを除く。)である者は,別に辞令を発せられない限り,同一の勤務条件をもって,この法律の施行後の内閣府,総務省,法務省,外務省,財務省,文部科学省,厚生労働省,農林水産省,経済産業省,国土交通省若しくは環境省(以下この条において「新府省」という。)又はこれに置かれる部局若しくは機関のうち,この法律の施行の際現に当該職員が属する従前の府省又はこれに置かれる部局若しくは機関の相当の新府省又はこれに置かれる部局若しくは機関として政令で定めるものの相当の職員となるものとする。

(行政機関の保有する情報の公開に関する法律の一部改正に伴う経過措置)

第14条 行政機関の保有する情報の公開に関する法律(以下この条において「情報公開法」という。)の施行の日がこの法律の施行の日前である場合には,この法律の施行の際現に従前の総理府の情報公開審査会の委員である者は,この法律の施行の日に,第29条の規定による改正後の情報公開法(以下この条において「新情報公開法」という。)第23条第1項の規定により,内閣府の情報公開審査会の委員として任命されたものとみなす。この場合において,その任命されたものとみなされる者の任期は,同条第4項の規定にかかわらず,同日における従前の総理府の情報公開審査会の委員としての任期の残任期間と同一の期間とする。

2 情報公開法の施行の日がこの法律の施行の日前である場合には,この法律の施行の際現に従前の総理府の情報公開審査会の会長である者は,この法律の施行の日に,新情報公開法第24条第1項の規定により,内閣府の情報公開審査会の会長に定められたものとみなす。

3 情報公開法の施行の日がこの法律の施行の日以後である場合には,新情報公開法第23条第1項の規定による情報公開審査会の委員の任命のために必要な行為は,この法律の施行前においても行うことができる。

〈付録2〉 情報公開法

(別に定める経過措置)
第30条　第2条から前条までに規定するもののほか，この法律の施行に伴い必要となる経過措置は，別に法律で定める。

　　　　附　則　（平成11年12月22日法律第160号）　抄
(施行期日)
第1条　この法律（第2条及び第3条を除く。）は，平成13年1月6日から施行する。

　　　　附　則　（平成13年12月5日法律第140号）　抄
(施行期日)
第1条　この法律は，公布の日から起算して1年を超えない範囲内において政令で定める日から施行する。
(行政機関情報公開法の一部改正に伴う経過措置)
第4条　前条の規定による改正後の行政機関の保有する情報の公開に関する法律第5条，第12条の2及び第13条第1項の規定は，前条の規定の施行後にされた開示請求（同法第4条第1項に規定する開示請求をいう。以下この条において同じ。）について適用し，前条の規定の施行前にされた開示請求については，なお従前の例による。

　　　　附　則　（平成14年7月31日法律第98号）　抄
(施行期日)
第1条　この法律は，公社法の施行の日から施行する。ただし，次の各号に掲げる規定は，当該各号に定める日から施行する。
　一　第1章第1節（別表第1から別表第4までを含む。）並びに附則第28条第2項，第33条第2項及び第3項並びに第39条の規定　公布の日
(罰則に関する経過措置)
第38条　施行日前にした行為並びにこの法律の規定によりなお従前の例によることとされる場合及びこの附則の規定によりなおその効力を有することとされる場合における施行日以後にした行為に対する罰則の適用については，なお従前の例による。
(その他の経過措置の政令への委任)
第39条　この法律に規定するもののほか，公社法及びこの法律の施行に関し必

〈付録2〉 情報公開法

要な経過措置（罰則に関する経過措置を含む。）は，政令で定める。
　　　附　則　（平成15年5月30日法律第61号）
（施行期日）
第1条　この法律は，行政機関の保有する個人情報の保護に関する法律の施行の日から施行する。
（情報公開審査会の廃止及び情報公開・個人情報保護審査会の設置に伴う経過措置）
第2条　この法律の施行の際現に第8条の規定による改正前の行政機関の保有する情報の公開に関する法律（以下この条において「旧行政機関情報公開法」という。）第23条第1項又は第2項の規定により任命された情報公開審査会の委員である者は，それぞれ，この法律の施行の日に，情報公開・個人情報保護審査会設置法（平成15年法律第60号）第4条第1項又は第2項の規定により情報公開・個人情報保護審査会の委員として任命されたものとみなす。この場合において，その任命されたものとみなされる者の任期は，同条第4項の規定にかかわらず，同日における旧行政機関情報公開法第23条第1項又は第2項の規定により任命された情報公開審査会の委員としての任期の残任期間と同一の期間とする。
2　この法律の施行の際現に旧行政機関情報公開法第24条第1項の規定により定められた情報公開審査会の会長である者又は同条第3項の規定により指名された委員である者は，それぞれ，この法律の施行の日に，情報公開・個人情報保護審査会設置法第5条第1項の規定により会長として定められ，又は同条第3項の規定により会長の職務を代理する委員として指名されたものとみなす。
3　この法律の施行前に情報公開審査会にされた諮問でこの法律の施行の際当該諮問に対する答申がされていないものは情報公開・個人情報保護審査会にされた諮問とみなし，当該諮問について情報公開審査会がした調査審議の手続は情報公開・個人情報保護審査会がした調査審議の手続とみなす。
（守秘義務等に関する経過措置）
第3条　情報公開審査会の委員であった者に係るその職務に関して知り得た秘密を漏らしてはならない義務については，第8条の規定の施行後も，なお従

〈付録2〉 情報公開法

前の例による。
2 　第8条の規定の施行前にした行為及び前項の規定によりなお従前の例によることとされる場合における同項の規定の施行後にした行為に対する罰則の適用については，なお従前の例による。
　（その他の経過措置の政令への委任）
第4条　前2条に定めるもののほか，この法律の施行に関し必要な経過措置は，政令で定める。
　　　附　則　（平成15年7月16日法律第119号）　抄
　（施行期日）
第1条　この法律は，地方独立行政法人法（平成15年法律第118号）の施行の日から施行する。
　（その他の経過措置の政令への委任）
第6条　この附則に規定するもののほか，この法律の施行に伴い必要な経過措置は，政令で定める。

〈付録3〉 情報公開法施行令

行政機関の保有する情報の公開に関する法律施行令(抄)(平成12年2月16日政令第41号)

　　　　　最終改正　平成15年12月25日政令第551号(平成17年4月1日施行)

　内閣は,行政機関の保有する情報の公開に関する法律(平成11年法律第42号)第2条第1項第四号及び第五号並びに第2項第二号,第3条,第9条第1項,第13条第1項及び第2項,第14条第1項及び第2項,第16条第1項及び第3項,第17条,第37条第2項並びに第43条の規定に基づき,この政令を制定する。

(法第2条第2項第二号の歴史的な資料等の範囲)
第3条　法第2条第2項第二号の歴史的若しくは文化的な資料又は学術研究用の資料は,次に掲げる方法により管理されているものとする。
一　当該資料が専用の場所において適切に保存されていること。
二　当該資料の目録が作成され,かつ,当該目録が一般の閲覧に供されていること。
三　次に掲げるものを除き,一般の利用の制限が行われていないこと。
　　イ　当該資料に法第5条第一号から第三号までに掲げる情報が記録されていると認められる場合において,当該資料(当該情報が記録されている部分に限る。)の一般の利用を制限すること。
　　ロ　当該資料の全部又は一部を一定の期間公にしないことを条件に個人又は法第5条第二号に規定する法人等から寄贈又は寄託を受けている場合において,当該期間が経過するまでの間,当該資料の全部又は一部の一般の利用を制限すること。
　　ハ　当該資料の原本を利用させることにより当該原本の破損若しくはその汚損を生じるおそれがある場合又は当該資料を保有する機関において当該原本が現に使用されている場合において,当該原本の一般の利用の方

〈付録3〉 情報公開法施行令

　法又は期間を制限すること。
　四　当該資料の利用の方法及び期間に関する定めが設けられ，かつ，当該定めが一般の閲覧に供されていること。
2　前項に規定する資料は，他の機関（行政機関であるものに限る。）から移管を受けて管理しようとするものである場合には，当該他の機関において，第16条第1項第八号に規定する保存期間が満了しているものでなければならない。

（行政文書の管理に関する定め）
第16条　法第37条第2項の行政文書の管理に関する定めは，次に掲げる要件を満たすものでなければならない。
　一　当該行政機関の事務及び事業の性質，内容等に応じた系統的な行政文書の分類の基準を定めるものであること。この場合において，当該行政文書の分類の基準については，毎年一回見直しを行い，必要と認める場合にはその改定を行うこととするものであること。
　二　当該行政機関の意思決定に当たっては文書（図画及び電磁的記録を含む。以下この号において同じ。）を作成して行うこと並びに当該行政機関の事務及び事業の実績について文書を作成することを原則とし，次に掲げる場合についてはこの限りでないこととするものであること。ただし，イの場合においては，事後に文書を作成することとするものであること。
　　イ　当該行政機関の意思決定と同時に文書を作成することが困難である場合
　　ロ　処理に係る事案が軽微なものである場合
　三　行政文書を専用の場所において適切に保存することとするものであること。
　四　当該行政機関の事務及び事業の性質，内容等に応じた行政文書の保存期間の基準を定めるものであること。この場合において，当該行政文書の保存期間の基準は，別表第2の上欄に掲げる行政文書の区分に応じ，それぞれその作成又は取得の日（これらの日以後の特定の日を起算日とすることが行政文書の適切な管理に資すると行政機関の長が認める場合にあっては，

〈付録3〉 情報公開法施行令

当該特定の日）から起算して同表の下欄に定める期間以上の期間とすること。
五　行政文書を作成し，又は取得したときは，前号の行政文書の保存期間の基準に従い，当該行政文書について保存期間の満了する日を設定するとともに，当該行政文書を当該保存期間の満了する日までの間保存することとするものであること。この場合において，保存の必要に応じ，当該行政文書に代えて，内容を同じくする同一又は他の種別の行政文書を作成することとするものであること。
六　次に掲げる行政文書については，前号の保存期間の満了する日後においても，その区分に応じてそれぞれ次に定める期間が経過する日までの間保存期間を延長することとするものであること。この場合において，一の区分に該当する行政文書が他の区分にも該当するときは，それぞれの期間が経過する日のいずれか遅い日までの間保存することとするものであること。
　　イ　現に監査，検査等の対象になっているもの　当該監査，検査等が終了するまでの間
　　ロ　現に係属している訴訟における手続上の行為をするために必要とされるもの　当該訴訟が終結するまでの間
　　ハ　現に係属している不服申立てにおける手続上の行為をするために必要とされるもの　当該不服申立てに対する裁決又は決定の日の翌日から起算して1年間
　　ニ　開示請求があったもの　法第9条各項の決定の日の翌日から起算して1年間
七　保存期間が満了した行政文書について，職務の遂行上必要があると認めるときは，一定の期間を定めて当該保存期間を延長することとするものであること。この場合において，当該延長に係る保存期間が満了した後にこれを更に延長しようとするときも，同様とすることとするものであること。
八　保存期間（延長された場合にあっては，延長後の保存期間。次号において同じ。）が満了した行政文書については，国立公文書館法（平成11年法律第79号）第15条第2項の規定により内閣総理大臣に移管することとするもの及び第2条第1項に規定する機関に移管することとするものを除き，

〈付録3〉 情報公開法施行令

　　　廃棄することとするものであること。
　九　行政文書を保存期間が満了する前に廃棄しなければならない特別の理由があるときに当該行政文書を廃棄することができることとする場合にあっては，廃棄する行政文書の名称，当該特別の理由及び廃棄した年月日を記載した記録を作成することとするものであること。
　十　行政文書ファイル及び行政文書（単独で管理することが適当なものであって，保存期間が1年以上のものに限る。）の管理を適切に行うため，これらの名称その他の必要な事項（不開示情報に該当するものを除く。）を記載した帳簿を磁気ディスク（これに準ずる方法により一定の事項を確実に記録しておくことができる物を含む。）をもって調製することとするものであること。
　十一　職員の中から指名する者に，その保有する行政文書の管理に関する事務の運営につき監督を行わせることとするものであること。
　十二　法律及びこれに基づく命令の規定により，行政文書の分類，作成，保存，廃棄その他の行政文書の管理に関する事項について特別の定めが設けられている場合にあっては，当該事項については，当該法律及びこれに基づく命令の定めるところによることとするものであること。
2　行政機関の長は，行政文書の管理に関する定めを記載した書面及び前項第十号の帳簿を一般の閲覧に供するため，当該書面及び帳簿の閲覧所を設けるとともに，当該閲覧所の場所を官報で公示しなければならない。公示した閲覧所の場所を変更したときも，同様とする。
3　行政機関の長は，開示請求の提出先とされている機関の事務所において，第1項第十号の帳簿の全部又は一部の写しを一般の閲覧に供するよう努めるものとする。

　　附　則
この政令は，法の施行の日（平成13年4月1日）から施行する。
　　附　則　（平成15年12月25日政令第551号）　抄
この政令は，行政機関の保有する個人情報の保護に関する法律の施行の日（平成17年4月1日）から施行する。

〈付録3〉 情報公開法施行令

別表第2 （第16条関係）

行 政 文 書 の 区 分		保存期間
1	イ 法律又は政令の制定，改正又は廃止その他の案件を閣議にかけるための決裁文書 ロ 特別の法律により設立され，かつ，その設立に関し行政官庁の認可を要する法人（以下「認可法人」という。）の新設又は廃止に係る意思決定を行うための決裁文書 ハ イ又はロに掲げるもののほか，国政上の重要な事項に係る意思決定を行うための決裁文書 ニ 内閣府令，省令その他の規則の制定，改正又は廃止のための決裁文書 ホ 行政手続法（平成5年法律第88号）第2条第三号に規定する許認可等（以下単に「許認可等」という。）をするための決裁文書であって，当該許認可等の効果が30年間存続するもの ヘ 国又は行政機関を当事者とする訴訟の判決書 ト 国有財産法（昭和23年法律第73号）第32条に規定する台帳 チ 決裁文書の管理を行うための帳簿 リ 第16条第1項第十号の帳簿 ヌ 公印の制定，改正又は廃止を行うための決裁文書 ル イからヌまでに掲げるもののほか，行政機関の長がこれらの行政文書と同程度の保存期間が必要であると認めるもの	30年
2	イ 内閣府設置法第37条若しくは第54条，宮内庁法第16条第1項又は国家行政組織法第8条の機関の答申，建議又は意見が記録されたもの ロ 行政手続法第5条第1項の審査基準，同法第12条第1項の処分基準その他の法令の解釈又は運用の基準を決定するための決裁文書 ハ 許認可等をするための決裁文書であって，当該許認可等の効果が10年間存続するもの（1の項ホに該当するものを除く。）	10年

〈付録3〉 情報公開法施行令

	ニ　イからハまでに掲げるもののほか，所管行政上の重要な事項に係る意思決定を行うための決裁文書（1の項に該当するものを除く。） ホ　不服申立てに対する裁決又は決定その他の処分を行うための決裁文書 ヘ　栄典又は表彰を行うための決裁文書 ト　イからヘまでに掲げるもののほか，行政機関の長がこれらの行政文書と同程度の保存期間が必要であると認めるもの（1の項に該当するものを除く。）	
3	イ　法律又はこれに基づく命令により作成すべきものとされる事務及び事業の基本計画書若しくは年度計画書又はこれらに基づく実績報告書 ロ　独立行政法人，国立大学法人法（平成15年法律第112号）第2条第1項に規定する国立大学法人若しくは同条第3項に規定する大学共同利用機関法人，特殊法人，認可法人又は民法（明治29年法律第89号）第34条の規定により設立された法人の業務の実績報告書 ハ　許認可等をするための決裁文書であって，当該許認可等の効果が5年間存続するもの（1の項ホ又は2の項ハに該当するものを除く。） ニ　行政手続法第2条第四号の不利益処分（その性質上，それによって課される義務の内容が軽微なものを除く。）をするための決裁文書 ホ　イからニまでに掲げるもののほか，所管行政に係る意思決定を行うための決裁文書（1の項，2の項，4の項又は5の項に該当するものを除く。） ヘ　予算決算及び会計令（昭和22年勅令第165号）第22条に規定する書類又はその写し ト　取得した文書の管理を行うための帳簿又は行政文書の廃棄若しくは移管の状況が記録された帳簿（第16条第1項第九号の記録を含む。） チ　イからトまでに掲げるもののほか，行政機関の長がこれらの行政文書と同程度の保存期間が必要であると認めるもの（1の項又は2の項に該当するものを除く。）	5年

〈付録3〉 情報公開法施行令

4	イ　許認可等をするための決裁文書であって，当該許認可等の効果が3年間存続するもの（1の項ホ，2の項ハ又は3の項ハに該当するものを除く。） ロ　所管行政上の定型的な事務に係る意思決定を行うための決裁文書（5の項に該当するものを除く。） ハ　調査又は研究の結果が記録されたもの ニ　ハに掲げるもののほか，所管行政に係る政策の決定又は遂行上参考とした事項が記録されたもの ホ　職員の勤務の状況が記録されたもの ヘ　イからホまでに掲げるもののほか，行政機関の長がこれらの行政文書と同程度の保存期間が必要であると認めるもの（1の項から3の項までに該当するものを除く。）	3年
5	イ　許認可等をするための決裁文書（1の項ホ，2の項ハ，3の項ハ又は4の項イに該当するものを除く。） ロ　所管行政上の軽易な事項に係る意思決定を行うための決裁文書 ハ　所管行政に係る確認を行うための決裁文書（1の項から4の項までに該当するものを除く。） 6　その他の行政文書	1年
6	その他の行政文書	事務処理上必要な1年未満の期間
備考	決裁文書とは，行政機関の意思決定の権限を有する者が押印，署名又はこれらに類する行為を行うことにより，その内容を行政機関の意思として決定し，又は確認した行政文書をいう。	

〈付録4〉 行政文書管理ガイドライン

行政文書の管理方策に関するガイドラインについて
(平成12年2月25日各省庁事務連絡会議申合せ)

　行政機関の保有する情報の公開に関する法律(平成11年法律第42号。以下「法」という。)及び行政機関の保有する情報の公開に関する法律施行令(平成12年政令第41号。以下「施行令」という。)の制定に伴い、各行政機関における行政文書の管理は、法第37条及び施行令第16条の規定に従った行政文書の管理に関する定めにより行うことになる。
　行政機関における事務の適正かつ能率的な遂行及び法の適正かつ円滑な運用に資するため、各行政機関における行政文書の管理は、可能な限り統一性が確保される必要があり、各行政機関が行政文書の管理に関する定めを制定し、これを運用するに当たっては、下記の「行政文書の管理方策に関するガイドライン」に沿って行うものとする。

記
行政文書の管理方策に関するガイドライン

第1　行政文書の分類

　　施行令第16条第1項第1号に規定する行政文書の分類の基準は、大分類・中分類・小分類の3段階のツリー構造による。また、毎年1回見直しを行い、必要と認める場合には改定を行う。
　　なお、小分類の下に施行令第13条第2項第1号の行政文書ファイルを類型化した「標準行政文書ファイル」名を記載する等により、行政文書ファイルの適切な保存にも活用できるよう「行政文書分類基準表」を定めるものとする。
　(留意事項)
　⑴　行政文書の分類については、施行令第16条第1項第1号に規定されて

〈付録4〉 行政文書管理ガイドライン

いるとおり,各行政機関の事務及び事業の性質,内容等に応じて,すなわち,事務及び事業における利用,保存等の便宜を考慮して定めることとなるが,行政文書ファイル管理簿(後述第5参照)を各行政機関統一の仕様で整備することとしているため,分類の段階数は3段階とする。

(2) 「行政文書ファイル」とは,施行令第13条第2項第1号で定義されているとおり,「能率的な事務又は事業の処理及び行政文書の適切な保存の目的を達成するためにまとめられた,相互に密接な関連を有する行政文書(保存期間が1年以上のものであって,当該保存期間を同じくすることが適当であるものに限る。)の集合物」であり,小分類の下で保存及び廃棄について同じ取扱いをすることが適当であるものである。

「行政文書ファイル」は,いわゆる「簿冊」と同義ではなく,複数の簿冊が1ファイルである場合,一つの簿冊の中に複数のファイルが存在する場合等種々の態様が想定されるが,的確な管理ができるよう各行政機関において適切に設定される必要がある。

(3) 「行政文書ファイル」の設定方法の例としては,次のような方法(又はこれらを組み合わせた方法)が考えられる。

① 内容(主題)別

　行政文書に書かれている内容(主題)をとらえて,その内容(主題)ごとにまとめる方法(例:〇〇制度各国調査結果ファイル,〇〇審議会議事録ファイル等)

② 形式別

　行政文書の内容や相手方とは関係なく,その形式をとらえてまとめる方法(例:〇〇課例規ファイル,〇〇関係照会・回答ファイル等)

③ 様式・標題別

　帳票類や伝票類のように,行政文書の様式・標題が定められている場合に,その標題をそのままファイル名称とし,まとめる方法(例:〇〇申請書ファイル,閲覧申出書ファイル,〇〇届書ファイル等)

④ 案件(一件)別

　許認可の申請から処分まで,工事の計画から完了までの行政文書など,一つの案件に係る行政文書を順序立ててまとめる方法(例:〇〇

〈付録4〉 行政文書管理ガイドライン

　　　許可（認可）一件ファイル，○○訴訟一件ファイル等）
　　⑤　相手方別
　　　　行政文書に係る提供者，提出先等の相手方をとらえて，その相手方ごとにまとめる方法（例：法人台帳（特殊法人，事業者等），国会提出・説明資料ファイル等）
　　⑥　時期別
　　　　同種の内容の行政文書を一定の期間ごとにまとめる方法（例：○年○月相談案件ファイル，○年○月支払書ファイル等）
(4)　「標準行政文書ファイル」は，行政文書ファイルを類型化したもので，例えば，「○年度○○許可（認可）一件ファイル」という行政文書ファイルの場合，「○○許可（認可）ファイル」が標準行政文書ファイルとされ，この単位の中に各年度の具体の行政文書ファイルが属することになる。
(5)　行政文書の分類のみならず行政文書ファイルの適切な保存にも活用できるよう，小分類の下に，施行令第13条第2項第1号の行政文書ファイルを類型化した「標準行政文書ファイル」名を記載する等により「行政文書分類基準表」を定めるものとする。
　　「行政文書分類基準表」については，これに基づいた運用状況を踏まえつつ，利活用しやすいように随時見直しを行うことも予想されることから，必ずしも行政文書の管理に関する定めの一部として規定しなければならないものではなく，当該定めにおいて「別に定める」旨規定すること又は当該定めとは別途に定めることは差し支えない。
　　「行政文書分類基準表」について，参考までにモデル様式を示すと，次のとおりである。

行政文書分類基準表

大分類	中分類	小分類	標準行政文書ファイル名	保存期間	備考

　　（注）　1　大分類，中分類及び小分類は，原則として日本語で記載す

〈付録4〉 行政文書管理ガイドライン

　　　　　る（分類名によるキーワード検索を可能にするため。記号又
　　　　　は番号の併用は妨げない。）。
　　　2　保存期間は,「〇年」と記載するが，必要があれば「作成
　　　　　した日（又は取得した日）から〇年」,「許可（認可）した日
　　　　　から〇年」等と記載する。

第2　行政文書の作成
　　施行令第16条第1項第2号により，行政機関としての意思決定及び事
　務・事業の実績については，文書を作成することを原則とする。当該意思
　決定と同時に文書を作成することが困難である場合及び処理に係る事案が
　軽微なものである場合は例外として文書の作成を要しないが，前者の場合
　には，事後に文書を作成することを要する。
　　なお，文書を作成するに当たっては，分かりやすい用字用語で，的確か
　つ簡潔に記載するものとする。
（留意事項）
⑴　施行令第16条第1項第2号の文書作成義務は，行政機関の意思決定及
　　び諸活動の記録については，正確性の確保，責任の明確化等の観点から
　　文書を作成することを原則としてきていることから，その原則を規定し
　　たものであり，作成に当たっては，分かりやすく，的確かつ簡潔に記載
　　する必要がある。
　　　文書作成義務が免除される場合の一つとして，「行政機関の意思決定
　　と同時に文書を作成することが困難である場合」が定められているが，
　　行政機関の意思決定とは，権限を有する者の名義で行われるものを指し，
　　同時に文書を作成することが困難である場合としては，緊急に事務処理
　　をしなければならない場合，会議において口頭了承を行う場合，現場に
　　おける行政指導の場合等が考えられるが，事案が軽微なものである場合
　　を除き，事後に文書を作成する必要がある。
　　　事案が軽微なものである場合とは，事後に確認が必要とされるもので
　　はなく，文書を作成しなくとも職務上支障が生じないような場合であり，
　　例えば，所掌事項に関する単なる照会・問い合わせに対する応答，行政

〈付録4〉 行政文書管理ガイドライン

機関内部における日常的業務の連絡・打ち合わせなどが考えられる。
(2) どの程度の記録を作成すべきかについては，事務及び事業の適正な遂行の観点から適切に判断する必要がある。また，例えば，次に掲げる事項については，行政活動の基本的な事項又は国民の権利義務に関係するものであることから，所要の文書を正確に作成することが必要である。
  ① 法令の制定又は改廃及びその経緯
  ② 政策の決定及びその経緯
  ③ 行政処分及びその根拠，基準
  ④ 個人，法人等の権利義務の得喪及びその経緯
  ⑤ 歳入，歳出及び国有財産の取得，処分

第3 行政文書の保存
1 行政文書の保存期間
 (1) 施行令第16条第1項第4号に規定する行政文書の保存期間に関する基準は，施行令別表第2に定めるところに従い，本ガイドライン別表の該当する行政文書の類型を参考にして，「行政文書保存期間基準」として定めるものとする。
 (2) 「行政文書保存期間基準」における保存期間の起算日については，行政文書の作成又は取得の日のほか，これらの日以後の日で，行政文書の効率的な整理又は保存等の観点から行政機関の長が行政文書の適切な管理に資すると認める特定の日とすることができる。
 (3) 施行令第16条第1項第5号の個々の行政文書の保存期間の満了する日の設定に当たっては，原則として行政文書ファイル単位で設定するものとする。
  また，行政文書は，保存期間が満了する日まで必要に応じ記録媒体の変換を行うなどにより，適正かつ確実に利用できる方式で保存するものとする。
2 行政文書の保存方法
  行政文書は，組織としての管理が適切に行い得る専用の場所で保存するものとする。

〈付録4〉 行政文書管理ガイドライン

(留意事項)

〈行政文書の保存期間〉

(1) 施行令別表第2に定める保存期間については,各行政機関を通ずる共通的最低保存期間を示すものであり,例えば,「30年」区分に該当する行政文書については,「行政文書保存期間基準」において,少なくとも30年の有期の保存期間を定める必要がある。

　なお,最低保存期間の最も長いものを30年としたのは,30年を一区切りとして保存継続の必要性の見直しを的確に実施する趣旨であるが,必要に応じて永年保存区分を設けること(未来永劫の趣旨ではなく,非常に長期の保存を要するものであって,不定の職務上必要な期間の趣旨)は妨げない。

(2) 保存期間の起算日については,行政文書の作成又は取得の日のほか,これらの日以後の日で,行政文書の効率的な整理又は保存を考慮した特定の日(例えば,行政機関における行政文書の一斉整理等を考慮した暦年,年度の初日等)その他の適切な特定の日(例えば,行政文書に有効期間が関係するような場合のその初日等)とすることができる。

(3) 行政文書の保存期間に係る管理を的確に行う観点から,原則として行政文書ファイル単位で保存期間の満了する日を設定することとしていることから,行政文書ファイルの保存期間満了時期は,行政文書ファイルにまとめられる行政文書のうち保存期間の満了する日が最も遅い日となるものに合わせることとなる。

(4) 同一の行政文書が複数存在する場合又は原本のほかにコピーが行政文書として存在する場合に,正本・原本か否かにかかわりなく,「行政文書」に該当する限り適正に管理する義務があるが,正本・原本として管理されているもの以外のものについては,その利用・保存の実態に応じて,正本・原本の管理状況と異なる管理(例えば,正本・原本より短い保存期間基準を適用すること)を行うことは可能であり,行政機関内部において適切な調整を図ることが必要と考えられる。

(5) 行政文書の記録媒体の変換について,「適正かつ確実に利用できる方式」とは,例えば,電磁的記録の場合であれば,ソフトやハードの技術

〈付録4〉 行政文書管理ガイドライン

　　発展，記録媒体そのものの耐用年数等に対応するため，同一又は他の種別の記録媒体への変換，データ・ファイル形式の変更，定期的なバック・アップ等の措置を適切に講ずることである。
　　　なお，この場合には，旧行政文書について廃棄の手続をとることは要しないが，異なる媒体に変換を行った場合には，行政文書ファイル管理簿の「媒体の種別」欄を修正する必要がある。
(6)　施行令第16条第1項第6号の規定によりあらかじめ設定された個々の行政文書の保存期間が満了したとしても，同号に掲げる特別の事情を有する監査，検査等関係文書，訴訟関係文書，不服申立関係文書又は開示請求関係文書については，それぞれ保存期間を所定の期間延長する必要があるので，十分留意する必要がある。
(7)　施行令第16条第1項第7号の規定により行政文書の保存期間を延長するに当たっては，保存継続の必要性について十分な検討を行い，業務上の必要性を勘案した有期の延長とする。
　　　台帳等の行政文書を適正な状態で維持管理するために行われる追記，更新による加除，修正については，新たな作成とはみないで，あらかじめ設定された保存期間により保存することとする（例：決裁簿，行政文書ファイル管理簿等）。
(8)　法律及びこれに基づく命令の規定により保存期間が定められている行政文書については，当該法律及びこれに基づく命令で定められた期間保存することとなる。
　　　なお，保存期間に限らず，法律及びこれに基づく命令の規定により，行政文書の分類，作成，保存，廃棄等について，特別の定めが設けられている場合には，これらに拠ることになる（施行令第16条第1項第12号）。

〈行政文書の保存方法〉
(1)　施行令第16条第1項第3号の「専用の場所において適切に保存する」との趣旨は，行政文書とその他の文書を明確に区分して，行政文書については，(2)に示す場所で適切に保存すべきとするものである。
(2)　「組織としての管理が適切に行い得る専用の場所」としては，次のも

〈付録4〉 行政文書管理ガイドライン

のが考えられる。
① 文書及び図画については，事務室及び書庫の書棚
② 電磁的記録のうち電子情報については，共用の保管庫（フレキシブルディスク等の場合），ホストコンピュータで管理されている磁気媒体又はサーバの共用部分

第4 行政文書の移管又は廃棄
1 施行令第16条第1項第8号の規定による保存期間（延長された場合にあっては，延長後の保存期間）が満了した行政文書の内閣総理大臣（国立公文書館）等への移管又は廃棄の措置については，1年未満の期間保存する行政文書を除き所定の手続をとるものとする。
2 施行令第16条第1項第9号の規定による保存期間が満了する前に特別の理由が生じた場合の廃棄の措置については，行政機関の長の承認を得て行うものとする。
3 廃棄の措置の具体的な方法は，行政文書の内容に応じたものとし，当該行政文書に法第5条各号に規定する不開示情報が記録されているときは，当該不開示情報が漏えいしないようにするものとする。
（留意事項）
(1) 保存期間が満了した行政文書のうち歴史的資料等として保存する必要のあるものについては，施行令第16条第1項第8号に定める内閣総理大臣（国立公文書館）等の機関に移管することとなる。この場合において，移管しようとする行政文書が他の行政機関により作成されたものであるときは，原則として当該他の行政機関と協議するものとする。

なお，国立公文書館等への移管の措置については，別途，歴史的資料等として保存すべき価値を有する行政文書の散逸等を防ぐ観点から，内閣総理大臣（国立公文書館）と各行政機関の間で協議の上基準を定めるなどの措置が講じられることが適当と考えられる。
(2) 保存期間が満了した行政文書については，保存期間の延長，国立公文書館等への移管又は廃棄のうちいずれかの措置を講ずることとなるが，「所定の手続」については，文書管理者（後述第6参照）のチェックが

〈付録4〉 行政文書管理ガイドライン

働く仕組みであれば手続を簡素化することを妨げない（例えば，文書管理者のチェックの下に設定した保存期間どおりに廃棄する場合は報告方式とするなど）。
(3) 施行令第16条第1項第9号の行政文書の保存期間が満了する前の廃棄については，極めて例外的な措置であることから，行政機関の長の承認事項としたものである。
「保存期間が満了する前に廃棄しなければならない特別の理由があるとき」とは，基準に従って設定された当初の保存期間を変更してまで廃棄すべき理由のある場合であり，例えば，個人のプライバシーに関する情報等本来行政機関が所掌事務の遂行に必要な限度で保有すべきものについて，その保有目的が当初の想定より早期に達成され又は消滅したような場合など，極めて限定されたものであり，厳格に運用される必要がある。

第5 行政文書の管理台帳
1 施行令第16条第1項第10号に規定する行政文書ファイルの帳簿（以下「行政文書ファイル管理簿」という。）については，原則としてネットワーク（ＬＡＮ又は省庁内ネットワーク）上のデータベースとして整備するものとする。
2 行政文書ファイル管理簿には，登載対象となる行政文書ファイル及び行政文書（単独で管理することが適当なものであって，保存期間が1年以上のもの）ごとに次の事項を記載するものとするが，記載すべき事項が法第5条各号に規定する不開示情報に該当するおそれがある場合には，当該不開示情報を明示しないよう記載を工夫するものとする。
① 文書分類
② 行政文書ファイル名
③ 作成者
④ 作成（取得）時期，保存期間，保存期間満了時期
⑤ 媒体の種別
⑥ 保存場所

〈付録4〉 行政文書管理ガイドライン

⑦ 管理担当課・係
⑧ 保存期間満了時の措置結果
⑨ 備考

3 行政文書ファイル管理簿は、随時又は年1回以上定期的に更新を行うものとする。
4 行政文書ファイル管理簿は、各行政機関の情報公開窓口及び総務庁の総合案内所において、対応できる範囲で一般の閲覧に供するものとする。
5 法の施行後に新たに作成される行政文書ファイルについては、当該行政文書ファイルに属する行政文書の件名リストの作成及び同リストの「行政文書ファイル管理簿」データベースに附属するデータベース化に努めるものとする。

(留意事項)
(1) 施行令第16条第1項第10号の行政文書ファイル管理簿は、行政文書の管理を的確に行う手段として、原則としてネットワーク(LAN又は省庁内ネットワーク)上のデータベースとして整備するものである(出先機関のネットワーク(LAN)及び本省庁と出先機関との省庁内ネットワークについては、逐次整備するものとするが、整備されるまでの間においても、出先機関ではパソコンなどを用いてスタンドアローン用のデータベースを整備する。)。
(2) 過去に作成・取得した行政文書を含め膨大な対象文書について1件ごとのリストを作成することは困難であることから、行政文書ファイル単位で登載することとした。なお、単独で管理することが適当な保存期間が1年以上の行政文書については、一行政文書を一行政文書ファイルとみなしてファイルの名称を設定の上行政文書ファイル管理簿に登載する。
(3) 行政文書ファイル管理簿に記載する行政文書ファイルについて、行政文書の名称等をそのまま記載すれば不開示情報が含まれることとなる場合には、例えば、「○○氏のカルテ」については「平成○年度初診内科カルテ」と一般化する等行政文書ファイル管理簿に不開示情報を明示しないよう記載を適宜工夫することが必要となる。
(4) 3の行政文書ファイル管理簿の更新において、「随時」とは、事務処

〈付録4〉 行政文書管理ガイドライン

理が完結して行政文書ファイルを作成した都度登載する場合，「年1回以上定期的」とは，年度当初に前年度に廃棄した行政文書ファイルについて廃棄した旨を記録する場合や前年度1年間に作成した新規行政文書ファイルの登載を行う場合等を想定している。
(5) 行政文書ファイル管理簿への登載の仕方は，具体的には，登載対象の行政文書ファイルに係る事項を，当該行政文書ファイルの保存期間の間登載し，保存期間の満了に伴い廃棄又は移管の措置を講じたときはその旨を追記し，その後5年間経過した時点で削除することとなる。
(6) 4の行政文書ファイル管理簿の一般の閲覧における「対応できる範囲」については，当面，以下のような方針で対応することとする。
　ア　情報公開法の施行時点における国民一般への提供
（各行政機関の本省庁）
　① 各行政機関の本省庁では，情報公開法が施行されるまでの間に本省庁分の行政文書ファイル管理簿をネットワーク（LAN又は省庁内ネットワーク）上のデータベースとして作成し，閲覧所において専用端末あるいは情報公開窓口職員を通じて一般の閲覧に供するとともに，インターネットでも提供する。
　② 出先機関分の行政文書ファイル管理簿については，出先機関との間でLAN（又は省庁内ネットワーク）が整備されている場合には，当該出先機関分の行政文書ファイル管理簿も含めて上記1）と同様に一般の閲覧に供するとともに，インターネットにより提供する。
　　出先機関との間でLAN（又は省庁内ネットワーク）が整備されていない場合は，スタンドアローン用のデータベースとして整備した当該出先機関分の行政文書ファイル管理簿の写しを整理の上閲覧所に備え置き，専用端末あるいは情報公開窓口職員を通じて一般の閲覧に供する。
　　なお，国外に所在する出先機関分については，所在国における情報通信環境等を勘案しつつ，統一的仕様による行政文書ファイル管理簿を逐次整備するものとする。
（各行政機関の出先機関）

〈付録4〉 行政文書管理ガイドライン

　　　施行令第16条第3項の規定により，出先機関のうち権限又は事務の委任を受けて開示請求の提出先とされる機関においては，少なくとも当該出先機関分の行政文書ファイル管理簿を一般の閲覧に供するよう努める。
　　イ　情報公開法の施行以降の対象範囲の拡大
　　　　ア）LAN（又は省庁内ネットワーク）が整備されていない出先機関分の行政文書ファイル管理簿についても，容易に利用・提供ができるよう，逐次インターネットによる提供を行う。
　　　　イ）文書件名リストのデータベース化も逐次推進し，行政文書ファイル管理簿と同様に国民一般への提供に努めることが望ましい。
　　ウ　総務庁総合案内所
　　　　各行政機関がインターネットで提供する行政文書ファイル管理簿について，一般の閲覧に供する。
(7)　法の施行後に新たに作成する行政文書ファイルについては，今後の情報化の進展をも踏まえ，当該行政文書ファイルに属する行政文書の文書件名リストの作成と同リストのデータベース化を推進することとし，努力義務として明記した。
(8)　行政文書ファイル管理簿について，各行政機関を通じて公開を前提として整備すべき内容を整理しているが，各行政機関内部における利用において，より詳細なデータを付加して利用することを妨げるものではない。
(9)　行政文書ファイル管理簿について，参考までにモデル様式を示すと，次のとおりである。

行政文書ファイル管理簿

文書分類			行政文書ファイル名	作成者	作成(取得)時期	保存期間	保存期間満了時期
大分類	中分類	小分類					

〈付録4〉 行政文書管理ガイドライン

媒体の種別	保存場所	管理担当課・係	保存期間満了時の措置結果	備　　考

(注)　1　システム整備の観点から別途策定される統一的仕様を踏まえて整備する必要がある。
　　　2　「作成者」欄は，行政文書が行政機関により作成されたものであるときは，課・係単位で記載し，取得したものである場合は，例えば，「申請者」，「届出者」等と記載する。作成者が多数の場合には，代表的と考えられる者を適宜記載する。
　　　3　「作成(取得)時期」欄は，行政文書ファイルにまとめられた行政文書のうち作成(取得)された時期が最も古いものの作成(取得)時期又は第3(留意事項)(2)の特定の日を記載する。
　　　4　「保存期間」欄は，作成(取得)時期から行政文書ファイルにまとめられた行政文書のうち保存期間の満了する日の最も遅いものの時期までの期間を記載する。
　　　5　「保存期間満了時期」欄は，行政文書ファイルにまとめられた行政文書のうち保存期間の満了する日が最も遅いものの時期を記載する。
　　　6　「保存場所」欄は，行政文書検索の目安となる程度に，事務室，書庫等の別を記載する。
　　　7　「備考」欄は，適宜参考となる事項を記載することとなるが，例えば，行政文書ファイルの統合・分割，媒体変換の予定時期や，行政文書ファイルの中に未公表著作物がある場合の開示に関する著作者の意思表示の有無等，管理及び開示事務への対応を進めていく上で参考となる事項の記載が考えられる。

〈付録4〉 行政文書管理ガイドライン

第6 行政文書の管理体制
1 施行令第16条第1項第11号の規定による行政文書の管理体制として，各行政機関に「総括文書管理者」，「文書管理者」及び「文書管理担当者」を置くものとする。
　① 総括文書管理者
　　　総括文書管理者は，行政機関ごとに一人置くこととし，官房長等を指名するものとする。
　　　総括文書管理者の業務は，次のとおりとするものとする。
　　　ⅰ）行政文書の管理に関する定め等規程類の整備
　　　ⅱ）行政文書分類基準表，行政文書ファイル管理簿の整備
　　　ⅲ）行政文書の管理に関する事務の指導監督，研修等の実施
　② 文書管理者
　　　文書管理者は，原則として各課等ごとに置くこととし，各課等の課長等を指名するものとする。
　　　文書管理者の業務は，次のとおりとするものとする。
　　　ⅰ）行政文書分類基準表，行政文書ファイル管理簿の作成（課等としての行政文書分類基準表及び行政文書ファイル管理簿を作成し，総括文書管理者に提出する。）
　　　ⅱ）保存期間の延長，国立公文書館等への移管又は廃棄の各措置の実施
　　　ⅲ）課等の保有する行政文書の管理の徹底
　③ 文書管理担当者
　　　文書管理担当者は，原則として各課等ごとに置くこととし，各課等の補佐又は係長から指名するものとする。
　　　文書管理担当者は，文書管理者を補佐するものとする。
2 組織の規模，事務の運営実態等に照らして特に管理体制を整備することが必要な内部部局，特別の機関，施設等機関，審議会等又は地方支分部局がある場合には，上記の体制の中での位置付け及び各管理者の事務を明確にした上で，上記に準じて管理体制を整備することができるものとする。
3 行政機関の長は，適正な文書管理を推進し，維持していくため，職員を

〈付録4〉 行政文書管理ガイドライン

対象とした文書管理に関する研修会等を実施し，職員の意識啓発及び知識・技術の習得に努めるものとする。
(留意事項)
(1) 原則として文書管理の単位を「課等」とし，課長等を「文書管理者」として実質的な責任者としたものである。
　　文書管理者は，「行政文書分類基準表」，「行政文書ファイル管理簿」の作成やそれらに基づく管理の実施について責任を負うことから，行政文書該当性の有無，行政文書の存否等の判断についても重要な役割を担うこととなる。
(2) 行政機関の組織，規模，業務内容等に応じて「課等」以外の組織を文書管理の単位として設定することを妨げるものではないが，体制及び各管理者の業務内容は上記規程に準じて定める必要がある。

第7　行政文書の管理に関する定め
1　各行政機関の長は，施行令第16条に規定する要件を満たす「行政文書の管理に関する定め」を制定するものとする。
2　各行政機関においては，組織の規模，業務の運営実態等に照らして特に行政文書の管理に関する規程（以下「管理規程」という。）を整備することが必要な内部部局，特別の機関，施設等機関，審議会等又は地方支分部局がある場合には，当該行政機関の長の定める「行政文書の管理に関する定め」の中での位置付けを明確にした上で，当該定めに準じた管理規程を整備することができるものとする。
3　これらの行政文書の管理に関する定め及び管理規程は，閲覧所に備え置き，一般の閲覧に供する。
(留意事項)
(1) 法第37条第2項の「行政文書の管理に関する定め」の対象となる文書は，法第2条第2項に定義する「行政文書」であるが，行政文書に該当しない文書の管理については，それぞれ次のような取扱いになる。
　① 法第2条第2項第1号に掲げる文書（書籍等）
　　　事務の遂行に必要な範囲で適正に管理する。

〈付録4〉 行政文書管理ガイドライン

　　② 法第2条第2項第2号に掲げる文書（歴史的資料等）
　　　施行令第3条に規定する管理の方法及び施行令第2条に掲げる機関が定める方法により管理する。
　　③ 法の適用除外文書（登記簿，特許原簿等）
　　　関係法令の定めるところにより管理する。
　(2) 行政文書の管理に関する定め及び管理規程を一般の閲覧に供する方法については，閲覧所に備え置くほか，インターネット・ホームページに登載する等積極的な提供に努めることが望まれる。また，権限又は事務の委任を受けて開示請求の提出先とされている機関の事務所にも備え置くことが望ましい。

第8　法施行前における措置
1　各行政機関の長は，法及び施行令の規定に基づき，本ガイドラインに沿って，行政文書の管理に関する定めを速やかに制定するものとする。
2　各行政機関の長は，行政文書の管理に関する定めを制定した後，法の施行日までの間にも，運用上の措置として，法及び施行令並びに行政文書の管理に関する定めの規定を踏まえた行政文書の管理に努めるものとする。
（留意事項）
　　法及び施行令は，平成13年4月1日から施行することとされていることから，これらの規定に基づく行政文書の管理に関する定めは，同日から施行されることになる。
　　しかしながら，各行政機関が行政文書の管理に関する定めを制定した後，法の施行日までの間にも，できる限り，法及び施行令並びに行政文書の管理に関する定めの規定を踏まえた文書管理を行うことが望ましいことから，運用上の措置としての努力義務としたものである。
　　具体的には，行政文書の作成に関する責務に留意するほか，行政文書ファイルの作成・整理，行政文書ファイル管理簿への登載等の準備作業の進捗状況をみつつ，可能なものから，順次，行政文書の分類，保存期間，廃棄等の規定を踏まえた運用を行うものとする。
　　この場合において，各行政機関における行政文書の管理に関する規則又

〈付録4〉 行政文書管理ガイドライン

は規程の内容が上記の規定と矛盾し，運用上混乱を生ずるおそれがある場合には，当該規則又は規程の関係規定の改正を行うものとする。

第9 その他

本ガイドラインについては，関連する施策の動向を踏まえ，必要に応じて見直しを行うものとする。

（留意事項）

行政文書には電子情報も含まれており，当該電子情報は当然上記の措置の対象となっているところであるが，今後の情報化の進展，情報化に係る諸課題の検討状況を踏まえ，特に本ガイドラインに盛り込むべき事項が生じた場合には，必要に応じて適宜見直しを行うこととなる。

別表　行政文書の最低保存期間基準

施行令別表第2に定める最低保存期間			該当する行政文書の類型
	行政文書の区分	保存期間	
1	イ　法律又は政令の制定，改正又は廃止その他の案件を閣議にかけるための決裁文書	30年	・条約その他の国際約束の署名又は締結 ・法律の制定・改廃の決裁文書 ・特殊法人の設立・廃止の決裁文書 ・基本的な計画の策定・変更・廃止の決裁文書 ・予算・組織・定員の基本的事項の決裁文書
	ロ　特別の法律により設立され，かつ，その設立に関し行政官庁の認可を要する法人（以下「認可法人」という。）の新設又は廃止に係る意思決定を行うための決裁文書		・認可法人の設立・廃止の決裁文書

〈付録4〉 行政文書管理ガイドライン

ハ　イ又はロに掲げるもののほか，国政上の重要な事項に係る意思決定を行うための決裁文書	・関係閣僚会議付議のための決裁文書 ・政務次官会議付議のための決裁文書 ・事務次官等会議付議のための決裁文書
ニ　内閣府令，省令その他の規則の制定，改正又は廃止のための決裁文書	・府省令等の制定・改廃のための決裁文書 ・行政文書の管理に関する定め
ホ　行政手続法（平成5年法律第88号）第2条第3号に規定する許認可等（以下単に「許認可等」という。）をするための決裁文書であって，当該許認可等の効果が30年間存続するもの	・公益法人設立許可の決裁文書 ・事業免許，資格免許等の許認可の決裁文書
ヘ　国又は行政機関を当事者とする訴訟の判決書	・判決書（正本）
ト　国有財産法（昭和23年法律第73号）第32条に規定する台帳	・国有財産台帳
チ　決裁文書の管理を行うための帳簿	・決裁簿
リ　施行令第16条第1項第10号の帳簿	・行政文書ファイル管理簿
ヌ　公印の制定，改正又は廃止を行うための決裁文書	・公印の制定，改正又は廃止を行うための決裁文書
ル　イからヌまでに掲げるもののほか，行政機関の長がこれらの行政文書と同程度の保存期間が必要であると認めるもの	・特殊法人又は認可法人の管理のための台帳

〈付録4〉 行政文書管理ガイドライン

2	イ 内閣府設置法第37条若しくは第54条，宮内庁法第16条第1項又は国家行政組織法第8条の機関の答申，建議又は意見が記録されたもの	10年	・審議会等の答申，建議又は意見
	ロ 行政手続法第5条第1項の審査基準，同法第12条第1項の処分基準その他の法令の解釈又は運用の基準を決定するための決裁文書		・法令の解釈・運用基準の決裁文書 ・許認可等の審査基準 ・不利益処分の処分基準
	ハ 許認可等をするための決裁文書であって，当該許認可等の効果が10年間存続するもの（1の項ホに該当するものを除く。）		・有効期間が10年以上の許認可等をするための決裁文書
	ニ イからハまでに掲げるもののほか，所管行政上の重要な事項に係る意思決定を行うための決裁文書（1の項に該当するものを除く。）		・条約その他の国際約束の解釈・運用基準の決裁文書 ・所管行政に係る重要な政策の決定に係る決裁文書
	ホ 不服申立てに対する裁決又は決定その他の処分を行うための決裁文書		・行政不服申立て，行政審判その他の争訟の裁決書，裁定書，決定書
	ヘ 栄典又は表彰を行うための決裁文書		・叙勲，褒章又は各種表彰の決裁文書
	ト イからヘまでに掲げるもののほか，行政機関の長がこれらの行政文書と同程度の保存期間が必要であると認めるもの（1の項に該当するものを除く。）		・政策決定の基礎となった国際会議等の決定 ・概算要求書

〈付録4〉 行政文書管理ガイドライン

3	イ 法律又はこれに基づく命令により作成すべきものとされる事務及び事業の基本計画書若しくは年度計画書又はこれらに基づく実績報告書	5年	・事務又は事業の方針・計画書 ・事務又は事業の実績報告書
	ロ 独立行政法人，特殊法人，認可法人又は民法（明治29年法律第89号）第34条の規定により設立された法人の業務の実績報告書		・業務実績報告 ・指導監督の結果報告書
	ハ 許認可等をするための決裁文書であって，当該許認可等の効果が5年間存続するもの（1の項ホ又は2の項ハに該当するものを除く。）		・有効期間が5年以上10年未満の許認可等をするための決裁文書
	ニ 行政手続法第2条第4号の不利益処分（その性質上，それによって課される義務の内容が軽微なものを除く。）をするための決裁文書		・許認可等の取消しの決裁文書 ・資格剥奪の決裁文書 ・欠格期間が5年間以上の不利益処分の決裁文書
	ホ イからニまでに掲げるもののほか，所管行政に係る意思決定を行うための決裁文書（1の項，2の項，4の項又は5の項に該当するものを除く。）		・補助金交付決定書 ・補助事業実績報告書
	ヘ 予算決算及び会計令（昭和22年勅令第165号）第22条に規定する書類又はその写し		・請求書，領収書，契約書 ・決議書（支出決議書等）

〈付録4〉 行政文書管理ガイドライン

	ト 取得した文書の管理を行うための帳簿又は行政文書の廃棄若しくは移管の状況が記録された帳簿（施行令第16条第1項第9号の記録を含む。）		・廃棄簿 ・移管引継簿
	チ イからトまでに掲げるもののほか，行政機関の長がこれらの行政文書と同程度の保存期間が必要であると認めるもの（1の項又は2の項に該当するものを除く。）		・指導要綱等複数の者に対する行政指導書
4	イ 許認可等をするための決裁文書であって，当該許認可等の効果が3年間存続するもの（1の項ホ，2の項ハ又は3の項ハに該当するものを除く。）	3年	・有効期間が3年以上5年未満の許認可等をするための決裁文書
	ロ 所管行政上の定型的な事務に係る意思決定を行うための決裁文書（5の項に該当するものを除く。）		・研修実施計画
	ハ 調査又は研究の結果が記録されたもの		・政策の決定又は遂行に反映させるために実施した調査又は研究の結果報告書
	ニ ハに掲げるもののほか，所管行政に係る政策の決定又は遂行上参考とした事項が記録されたもの		・予算要求説明資料 ・業務上の参考としたデータ ・行政運営上の懇談会の検討結果
	ホ 職員の勤務の状況が記録されたもの		・兼業の申請・承認に係るもの ・退職手当支給に係るもの

〈付録4〉 行政文書管理ガイドライン

	ヘ　イからホまでに掲げるもののほか，行政機関の長がこれらの行政文書と同程度の保存期間が必要であると認めるもの（1の項から3の項までに該当するものを除く。）		・欠格期間が3年以上5年未満の不利益処分に係る決裁文書
5	イ　許認可等をするための決裁文書（1の項ホ，2の項ハ，3の項ハ又は4の項イに該当するものを除く。）	1年	・有効期間が1年以上3年未満の許認可等をするための決裁文書
	ロ　所管行政上の軽易な事項に係る意思決定を行うための決裁文書		・欠格期間が1年以上3年未満の不利益処分に係る決裁文書 ・事案照会 ・会議開催通知書 ・講師依頼書 ・資料送付書 ・式辞，祝辞
	ハ　所管行政に係る確認を行うための決裁文書（1の項から4の項までに該当するものを除く。）		・請願書 ・届出書
6	その他の行政文書	事務処理上必要な1年未満の期間	・週間，月間予定表 ・随時発生し，短期に廃棄するもの ・1年以上の保存を要しないもの

（注）　1　決裁文書とは，行政機関の意思決定の権限を有する者が押印，署名又はこれらに類する行為を行うことにより，その内容を行政機関の意思として決定し，又は確認した行政文書をいう。

2　「該当する行政文書の類型」欄は，一般的に各保存期間区分に該当すると考えられる行政文書を掲げたものであり，行政文書に記録

されている情報の内容によっては，他の区分に該当する場合があり得る。

索　引

あ行

維持管理　82, 200

一元的管理　155

一般職員研修　188

異動者研修　204

ヴァーチカルキャビネット　22, 142

移し換え　44, 55, 142, 201, 203

永年保存文書　66

閲覧用ファイル管理簿　75, 153

ＬＧＷＡＮ　155

置き換え　44

か行

会計年度と暦年　54

ガイド　20, 168, 194, 201

　ガイド化　194

　ガイドによるフォルダーのまとめ
　　方　106

　ガイド分類とフォルダーの色区分
　　130

　ガイドラベル　20, 156, 168

外部コンサルタント利用　163

実地指導方式　164

人材派遣方式　164

セミナー方式　164

導入業務委託方式　164

過年度文書の整理　179

紙情報　4, 5, 7, 36, 150

完結文書・未完結文書　32

管理職研修　184, 188

管理職文書のファイリング　37

キャビネット　12, 22, 141

　キャビネットの配列　138

キャビネット管理以外の文書　190

行政手続法　32

行政文書　7, 27, 30, 71

行政文書ファイル管理簿→ファイル
　管理簿

切り換え作業　191

　切り換え作業日程　177, 183, 185

　切り換え作業の進行管理　196

　切り換えの手順　190

切り換え文書の対象年度　178

継続文書　46, 55, 56, 60, 68, 124,
　179, 190

索 引

契約関係の消滅 66
経由文書 33
原本保存主義 65
公文書館の拡充 3
コンサルタント経費 169
コンサルタントの利用 203

さ行

磁気ディスク 9, 71, 150, 154
磁気ディスクファイル管理簿調製の
　実例 154
自己完結ファイル名 112, 123
自己閉鎖タコ壺型管理 4
自治体職員の責務 8
自治体ファイリングの特徴 14
実務対応型導入手法 172
実務対応型ファイリングシステム
　26, 187
事務改善 26, 205
事務参考資料 35
情報管理と文書管理 3
情報公開 8, 10, 14
情報公開と文書管理 27
情報公開法 8, 150
情報公開法と行政文書の管理 8
情報の総合的管理 3

情報の媒体 3
常用文書 46, 55, 58, 60, 68, 125,
　179, 191
所属年度 20
資料という名の文書 34
資料文書 27
新任研修 204
図面・地図 34
説明責任 8, 14, 36
組織外の文書 39
組織的管理と私的管理 12

た行

対象外文書 28
対象とする文書 30
対象文書の範囲 31
大量文書の月区分の保存期間 69
単年度主義 41, 54
長期保存文書 66
庁内周知 177
庁内LAN 155
つくば市の実例 154
積み上げ式 164, 171, 173
定期点検 200
提出文書・経由文書 33
電磁的記録 37

311

索　引

電磁的情報　3, 4, 5, 150
伝聞情報　4
導入計画の基本事項　161
導入経費　167, 198
導入研修　177, 184, 187
導入実施要綱　177
導入主管課職員の研修　187
導入諸経費一覧　170
導入対象の範囲　162
導入日程　161
導入の記録　198
導入の手法　172
導入方式　163

な行

内部指導者による導入方式　163, 164
任意的情報提供　29
年次計画　162
年度区分　54, 190

は行

廃棄　9, 10, 11, 53, 55, 82, 144, 147
発生事実主義　60
引き継ぎ　21, 55, 99, 144, 201, 203
秘密文書の取り扱い　140

標準文書分類表　183
標準分類の呪縛　183
ファイリングシステム構築の六面体　175
ファイリングシステム点検表　202
ファイリングシステムとは何か　11
ファイリングシステムの概要　10
ファイリングシステムの常識・非常識　207
ファイリングシステムの要件　11
ファイリングを待っている文書　193
ファイル　19
ファイル管理　71, 138
ファイル管理の主体とファイル管理の単位　80, 177, 183
ファイル管理簿　7, 10, 12, 33, 34, 37, 39, 46, 54, 55, 61, 69, 71, 72, 73, 74, 83, 99, 110, 139, 143, 144, 145, 150, 153, 154, 171, 172, 185, 195, 201
ファイル管理簿作成の基準日　79, 195
ファイル管理簿の構成　75
ファイル管理簿の作成方法とその様式　74

索 引

ファイル管理簿の変更 79
ファイル基準表 11, 154, 156
ファイル責任者 81, 184, 187, 195, 201
ファイル担当者 81, 184, 188, 195, 201
ファイルの扱い方 132
ファイルの収納 138
ファイルの序列化 195
ファイルの保存 53
ファイルボックス 22, 139
ファイル名 20, 110, 121, 193
ファイル名としての年度表示 118
フォルダー 19, 110, 132, 135, 168, 201
　フォルダーの作り方 87
　フォルダーラベル 20, 156, 168
　フォルダーラベルの記入事項 120
不開示情報 29
不発生文書のフォルダー化 92
不要文書の廃棄 147, 148, 179, 184
文書以外の物品類 36
文書一時留置フォルダー 24
文書管理 3, 8, 10, 27
文書管理関係規程の改正 170

文書管理規程の整備 71
文書管理上のきまり 40
文書収納器具別管理 33
文書主義 3
文書所在カード 93, 146
　文書所在カード処理 180, 190
　文書所在カードの様式 95
文書実態調査 177, 178
文書の私物化 4, 12, 24, 25, 36, 39, 45
文書の所属年度 41, 59, 60
文書の序列 99
文書の特定 43, 45, 83
文書の流れ 41, 43, 55, 141
文書の年度区分 14, 85
文書のフォルダー化 43, 83, 172, 183, 191
　文書フォルダー化の利点 85
文書の保存期間 9, 10, 20, 53, 62, 122, 146
　文書の保存期間の延長 69
　文書の保存期間の計算 68
　文書の保存期間を決める主体 67
　文書の保存期間の種別 68
文書の保存期間を決める基準 63
文書のまとめ方 102

索　引

　主題別　102
　一件別　102
　組織順　103
　地区別　103
　個人別　103
　形式別　103
　時系列　104
　受付順　104
　予算科目別　104
　記号・番号　104
文書のライフサイクル　26, 40
分類基準　8, 73, 75, 83, 151
文書分類の公式　107, 194
文書分類表　72, 187
文書目録　72, 75
文書量による分類　109
保存　10, 146, 168
保存箱　21, 23, 41, 46, 48, 146
保存箱の表示事項　50
保存箱番号の付け方　48
保存ファイルの使用　146
保存文書の外部委託　11, 148, 169
保存理由の消滅　66

ま行

未完結文書　32
モデル課方式　162, 166
問題の発生とその解決　188

や行

幽霊文書　180
用具　17, 168, 177, 185, 188
用品　17, 168, 177, 185, 188

ら行

ラテラルキャビネット　22, 142
ラベル　20
歴史的資料類　66, 149
暦年文書　55, 62, 126

わ行

割り付け式　173

著者紹介——

岩谷伸二（いわや・しんじ）

 1963年3月 上智大学法学部卒業
    4月 東京都，台東区役所配属
       都市計画局，港区役所
 現　在 八板記録管理研究所顧問

〈著書〉
『地方自治体のためのファイリングシステム』（小学館，1997年）

情報公開と文書管理の技術
——実務対応型ファイリングシステム——

2005年（平成17年）11月20日　第1版第1刷発行

著　者　　岩　谷　伸　二

発行者　　今　井　　　貴
　　　　　渡　辺　左　近

発行所　　信山社出版株式会社
〒113-0033　東京都文京区本郷6-2-9-102
　　　　　　電　話　03(3818)1019
　　　　　　ＦＡＸ　03(3818)0344

Printed in Japan.

©岩谷伸二，2005.　　印刷・製本／エーヴィスシステムズ

ISBN-4-7972-2437-1　C3332